DE LA MOTRICIDAD HUMANA AL PARADIGMA VIDA

Eugenia Trigo

2016

DE LA MOTRICIDAD HUMANA AL PARADIGMA VIDA

Eugenia Trigo

2016

Colección Ideas

Fundación Naturaleza, Planeta y Vida
© Instituto Internacional del Saber Kon-traste
www.kon-traste.com; ii.saber6@gmail.com
Primera edición: abril 2016
España-Colombia
ISBN: 978-1-326-63408-7

"De la Motricidad Humana al paradigma Vida"
© Eugenia Trigo, 2016

Colección Ideas
Directora: Dra. Eugenia Trigo
Consejo editorial y científico: Dra. Magnolia Aristizábal (Colombia), Mgs. Harvey Montoya (Colombia), Dr. Guillermo Rojas (Colombia), Dra. Helena Gil da Costa (Portugal), Dr. José María Pazos (España), Dr. Sergio Toro (Chile), Dr. Ernesto Jacob Keim (Brasil), Dra. Anna Feitosa (Portugal), Dr. Jesús Aparicio (España), Dra. Teresa Ríos (Chile), Dr. José Antonio Caride (España), Dr. Galo Montenegro (Ecuador), Dra. Marta Genú (Brasil), Dr. Héctor Pose (España), Dra. Mireya Cisneros (Colombia).

Diseño, diagramación, impresión y prensa digital: iisaber
Fotografía de carátula: Pintura Martha Isabel Rojas Quiceno

El conocimiento es un bien de la humanidad. Todos los seres humanos deben acceder al saber. Cultivarlo es responsabilidad de todos.

Se permite la copia, de uno o más artículos completos de esta obra o del conjunto de la edición, en cualquier formato, mecánico o digital, siempre y cuando no se modifique el contenido de los textos, se respete su autoría y esta nota se mantenga.

A los soñadores
A los que todavía piensan
A los que se atreven a
proponer y hacer
A los políticos que tienen el poder de las
decisiones
A los que les importa la VIDA

ÍNDICE

Prólogo	11
El por qué de este libro	15
Motricidad Humana	25
Biografías creadores de la humanidad	37
Crisis del mundo actual	59
Herejes de la ciencia y la política	69
Valores de por vida	83
Viejo paradigma	95
¿Hay alternativas?	107
Nuevo paradigma	119
Paradigma Vida	131
Dos Lecturas	147
Epílogo	159
Bibliografía de apoyo	165
Evaluaciones del comité editorial	187
Nota sobre la autora	192

PRÓLOGO

En mi condición de médico me encuentro confundido al hacer una lectura detallada de este libro. El ser humano entra en estados de acomodamiento que le impiden dar miradas objetivas a la realidad, entendida ésta como un todo. La doctora Eugenia Trigo nos conduce por realidades que impactan nuestro interior y que, por tanto, con un cierto malestar nos empeñamos en negar. No obstante, ellas nos suscitan interrogantes, cuestionamientos, reflexiones y posibilitan la salida de las cuatro paredes en que nos confinamos para estar en nuestra zona de confort; son estos, los muros que encierran nuestro consultorio, laboratorio, salón de clase y centros de investigación, para evitarnos percibir esta <realidad cruda>.

Siento que, con el tiempo y el bienestar, se va generando un acomodamiento y entonces nos tornamos ajenos al pensamiento crítico pues llegamos a creer que la humanidad también tiene bienestar, pero realmente vamos perdiendo la sensibilidad por los otros. Quizá si diéramos miradas inspiradoras a aquellos que se atrevieron y se atreven a plasmar y pensar diferente, lograríamos mirar de frente esta crisis civilizatoria, para caminar juntos hacia la conquista de valores por y para la vida.

Como es claro aquí, estoy de acuerdo con la imperiosa necesidad de una ruptura con los paradigmas y creencias asociados a conceptos como desarrollo y crecimiento, e incluso, la falsedad del bienestar que hemos construido para aparentar felicidad. Estoy también de acuerdo, en virtud de lo anterior, con la necesidad de despertar; no sé en qué momento -como se pregunta Eugenia en el libro- nos hemos perdido, tampoco comprendo por qué a través de la enfermedad o la muerte reflexionamos sobre la importancia de lo esencial: "la vida". Como insiste de forma bella y profunda la autora, es necesaria una praxis creadora y la capacidad para combinar memoria, fantasía, ingenio y sentido común para vivir con intensidad cada día.

Es, pues, el presente, un libro de impacto y llamado a la reflexión que invita a actuar en un momento de crisis y confusión del mundo, a la vez que evidencia un estilo único e inspirador que permite en cada línea cuestionamientos desde la emoción y la razón pero, ante todo, constituye un llamado a ser creador, espontáneo, al igual que a tener capacidad de reaccionar y despertar ante la realidad que nos envuelve.

Jorge Enrique Rojas Quiceno
Médico
Manizales, Colombia
Marzo, 2006

EL POR QUÉ DE ESTE TEXTO

Fueron siempre los locos los que llegaron a construir progreso, los que aportaron, con su impulso desaforado, las piedras sillares de las civilizaciones.
Claude Bernard

Hace varios años escribí un libro que rompió con los esquemas tradicionales de escritura académica porque en él expuse y me-expuse para dar cuenta de parte de mi historia de vida personal y profesional[1].

Ahora siento que también estoy haciendo otra ruptura en la escritura y la manera de compartir el conocimiento. ¿Me equivo-

---

1 El libro tuvo dos versiones: *Inteligencia creadora, ludismo y motricidad* (2005. Popayán: Unicauca) e *Historias motricias: tresegando el sentido de vida* (2014, España/Colombia: iisaber).

qué? Solamente ustedes, lectores, lo podrán decir.

El paso por diferentes etapas me lleva a hacer la presente propuesta. Estas etapas son:

De la educación física tradicional a la educación física lúdico-creativa (1975-1994).

De la educación física lúdico-creativa a la Motricidad Humana (1994-2015).

De la motricidad humana al paradigma Vida, enunciada por el propio Manuel Sérgio en su primer libro *para una epistemología da motricidade humana* y confirmado en el 2005 *Para um novo paradigma do saber e... do ser*. La Motricidad Humana, como ciencia o como paradigma, nació dentro de la educación física, como una manera de encontrar un objeto de estudio del área. Y ahí se quedó. Sigo sintiendo que la motricidad humana[2] "es" el nuevo paradigma que

---
2 La temática de la Motricidad Humana se expone adelante. Ahí, el lector podrá comprender un poco más lo que estamos comentando.

el mundo está buscando, pero bajo ese nombre, tildado de "movimiento físico", no es posible avanzar hacia otros derroteros.

¿Resignificar los términos? No creo, pues el imaginario personal y colectivo es más fuerte que todos los argumentos y propuestas. Además está el hecho de chocar de frente con toda la comunidad de la educación física y deporte con la cual tanto Manuel Sérgio como la red internacional se ha topado y se topa diariamente.

Con la ayuda y estímulo de algunos amigos y colegas, me estoy atreviendo a entrar en otra etapa: la del paradigma Vida. La historia hablará por sí sola, no es necesaria la justificación. ¿Se puede nombrar este nuevo paradigma? Este paradigma lo pretendo desarrollar con usted, amigo lector, ¿está dispuesto a participar?

Lo que motivó este libro

i. Dentro del ámbito académico, encontrarme con artículos, documentos, trabajos de docentes y estudiantes que eran copias (más o menos disfrazadas) de la mayoría de ideas desarrolladas en épocas y años atrás.

ii. Muchos análisis de la crisis actual y pocas ideas-proyecciones para resolverla. Y, cuando se hace, se repiten ideas del pasado, no hay compromiso real de cambio (empezando por la propia vida) y no implican ningún tipo de cambio.

iii. El libro académico no llega a la mayoría de personas que tienen en sus manos la toma de decisiones. Tampoco llega al público en general que busca lecturas rápidas y sencillas. No es leído por el mundo académico, unas veces deben dedicarse a cumplir tareas para otros y, otras a utilizar parte de su tiempo en estar presentes en las redes sociales y, un tercer grupo que necesitan buscar la manera que un artículo salga publicado en una revista de prestigio (JCR[3]). Todo ello está impidiendo que nos pongamos a pensar el mundo en profundidad para ofrecer alternativas innovadoras y no limitarnos exclusivamente a su crítica.

---

3 JCR: Journal Citation Reports.

iv. Conocer muchas personas frustradas por sentirse atrapadas en el sistema y no tener el coraje de enfrentarlo.

v. Necesidad de seguir creando y proponiendo, independientemente de quién lee y a quién llega. Pero también, buscando una nueva manera de escribir que consiga llegar a más personas.

El problema es comenzar. ¿Hay algo que decir que no esté dicho/escrito?

Proceso de trabajo

La idea es mostrar personajes famosos que trascendieron en la historia, sus obras; otros no tan famosos que aportaron con su trabajo, ideas, inventos, propuestas para despertarnos de nuestra inmovilidad, tomar consciencia de las graves problemáticas que estamos viviendo e impulsarnos a actuar.

Recopilación de ideas principales de autores clásicos que dejaron huellas importantes en la historia de la humanidad. No todos son un Leonardo da Vinci, genio del Renacimiento, pero también otros sabios y visionarios que nos fueron alumbrando el camino.

¿Por qué, para qué, cuándo, cómo, en qué momento nos perdimos como seres humanos creadores de historia? ¿Por qué nos estancamos? ¿Por qué no somos capaces de salir y proponer -mundos otros- más armoniosos y acordes con la Vida en todas sus dimensiones?

Re-lectura de autores que indican cuánto estaba dicho del tema y por tanto de cómo muchas de las nuevas lecturas me parecían que ya las había leído/escuchado anteriormente.

Síntesis de los problemas del mundo del siglo XXI, leídos desde la experiencia-vivencia-lecturas.

Reflexiones y opiniones de personas que trabajamos en distintas épocas y lugares.

Re-lectura de la obra original de Manuel Sérgio, creador de la Ciencia de la Motricidad Humana, para extraer la idea raíz de la Motricidad Humana como paradigma.

Hay mucha bibliografía que encontrarás referenciada al final de la obra, no habrá citas que "estorben" la lectura tranquila y continuada del lector.

Buscar una manera "simple" y agradable de escribir. La idea es "comunicar" y tratar de sembrar dudas, preguntas, malestar por quebrar "verdades" establecidas por los medios y asentadas en nuestra corporeidad.

Temas que fueron apareciendo y que terminaron por constituir el contenido de este libro:

- Motricidad.
- Biografías y creadores de la humanidad.
- Crisis del mundo actual.
- Herejes de la ciencia y la política.
- Valores de por vida.
- Viejo paradigma.
- ¿Hay alternativas?
- Nuevo paradigma.
- Paradigma Vida.

Los temas no son departamentos estancos, aislados unos de otros, sino que constituyen un entramado y se han desenredando a manera de espiral del conocimiento. Hay ideas que se van repitiendo a lo largo de todo el libro (con palabras diferentes) que pretenden mostrar, por vías distintas, la raíz del problema-mundo-actual.

Como la propia Vida, la mayor parte de los problemas, son resultado de un mal de raíz. Y es ese mal el que pretendemos desentrañar, para que tengamos algo más de claridad sobre lo que nos rodea, sobre nosotros mismos y nuestras formas de vida y colapso mental.

Cada tema se desarrolla de la siguiente manera:
- Un *¿Sabías qué?*, en el cual se plantea el problema a tratar.
- *Algunos ejemplos* que nos muestran caminos.
- *Para ti, lector.* Algunas preguntas para que se pare a reflexionar y busque/invente maneras de actuar.
- *Notas.* Las referencias bibliográficas que nutrieron las páginas precedentes.

En la grave problemática que estamos viviendo como Humanidad y como Planeta-

Vivo, ya no es suficiente con "tomar consciencia", es necesario ACTUAR y eso es compromiso de todos, sin excepciones.

Desde el Instituto Internacional del Saber Kon-traste, te animamos a ese ACTUAR. Para ello hemos abierto un Foro de Discusión que encontrarán al final del libro. En él podremos colocar nuestras reflexiones, ideas, sugerencias, actividades que hemos lanzado al mundo y sus logros. En fin, todo aquello que nos permita "desbloquear" el problema-mundo que afrontamos en todos los rincones de la Tierra.

Por este motivo, es que además de la publicación del libro a través de la web y en formato papel, lo estamos divulgando en PDF de manera gratuita. Le pedimos que, si a usted le ha interesado las temáticas que aquí se aborden, ayude a su divulgación y lleguemos al mayor número de personas, utilizando todos los medios que cada uno tiene a su alcance.

Contamos contigo.

NO NOS MIRES, ÚNETE…
REFLEXIONA, COMPARTE
Y ACTÚA.
CREA O INTÉGRATE
A UN GRUPO
(virtual/presencial).
¡ES TIEMPO DE
ACTUAR!

MOTRICIDAD HUMANA

*Una lágrima humana no es sólo agua y
cloruro sódico.*
Manuel Sérgio

¿Sabías que?...

a. El Dr. Manuel Sérgio, a partir de las lecturas de los fenomenólogos franceses, los autores de las rupturas epistémicas del siglo XX, las propuestas de Theilard de Chardin, su experiencia de vida con profesionales del mundo deportivo, desarrolla desde 1980 la ciencia de la motricidad humana (CMH) y se atreve a nombrar el nuevo paradigma de la motricidad humana que se extiende a todas las áreas del saber y del ser, porque todos los paradigmas clásicos, simplificadores y fragmentadores, deberán transformarse en complejos y dialogantes.

b. El trabajo del Dr. Manuel Sérgio es continuado por la Red Internacional de Investigadores en Motricidad Humana (RII-MH), habiendo escrito diversos textos que amplían y profundizan el área de conocimiento.

Algunos conceptos base de la motricidad humana

1. Los seres humanos, necesitamos cada día humanizarnos más y más, ¿cómo?, si nos esforzamos en "ser más", no en tener más, sino en construir/crear mundos nuevos que nos permitan crecer (no aumentar de volumen).

2. Motricidad no es movimiento "físico" (desplazamiento de un cuerpo en el espacio), es un todo mente-cuerpo. Si así fuera, las personas que no pueden desplazarse por sí mismas, no tendrían motricidad, lo cual es un absurdo en la comprensión del humano.

3. La motricidad surge y subsiste como emergencia de la corporeidad, como señal

de quien está-en-el-mundo para alguna cosa, es decir, como señal de un *proyecto*.

4. La corporeidad es mi ser en el mundo, la motricidad es su manifestación.

5. Soy mi cuerpo. No estoy delante de mi cuerpo, estoy en mi cuerpo. Soy corporeidad. El mundo es mi cuerpo.

6. Motricidad Humana es la energía que nos impulsa a vivir, caminar en el más-ser, percibirnos, para así tomar consciencia de quiénes somos, dónde estamos y hacia dónde vamos (yo-otro-cosmos).

7. La motricidad humana es intencionalidad operante, es proyecto, es voluntad de creación, es la trascendencia que anima a la persona consciente y libre.

8. La motricidad humana es movimiento centrípcto y centrífugo de la personalización en busca de la trascendencia. (¡Y ya son palabras escritas en 1955 por Theilard de Chardin!).

9. La Motricidad Humana y la Creatividad son las dos caras de una misma moneda. No existen por separado. La motricidad es *praxis creadora*.

10. La motricidad humana es la base para la determinación de la esencia del hombre. Es por ella que el hombre se materializa y revela, en el ámbito de un proceso donde el deseo de trascendencia desempeña un papel primordial de mediación.

11. Los principios en que se fundamenta la motricidad humana:
- Auto-organización subjetiva colectiva.
- Complejidad-consciencia.
- Inter-relación naturaleza-cultura.
- Praxis transformadora (praxis creadora).
- Cinefantasía (el ser humano siempre tiene infinitos posibles delante de sí).
- Primacía del todo con relación a las partes.
- Ética y política (el ser humano trasciende como ser ético-político o deja de ser humano).
- Ludismo (sentido lúdico de la vida).

- Inmanencia-trascendencia (del aquí y ahora a la proyección como sujeto-sociedad-cultura).
- Pensamiento complejo (crítico-creativo).
- Acción (la vivencia –relación sujeto-entorno- entre sensación, pensamiento, intención, emoción, consciencia y energía).
- Ecología (social, personal, ambiental, integral).

12. La motricidad humana como ciencia (CMH) es ciencia encarnada-ético-política que mira la trascendencia.

13. La CMH es ciencia relacional y no de utilidad que inaugura una alianza en donde no hay más lugar para los dualismos naturaleza-cultura; blanco-negro; hombre-mujer; señor-siervo; sabio-ignorante; porque toda la complejidad humana está presente en la sistematización del conocimiento, en la creación de nuevos saberes.

14. Construimos conocimiento desde la vivencia (ciencia encarnada) no desde la razón. Sólo en la acción es que aprehendo,

tomo consciencia y de ahí obtengo las herramientas para la transformación.

15. Aprender no es repetir, es crear y solo puedo crear poniendo en acción todo mi ser corpóreo.

16. Una lágrima humana no es sólo agua y cloruro sódico.

17. Correr no es algo distinto a mí, al organismo que realiza esa acción. El organismo es a veces un proceso que corre, otras un proceso que está de pie, otras un proceso que duerme. No existe la causalidad, sino la relatividad.

18. La mayor parte de los lenguajes están estructurados de modo que las acciones (verbos) deben ser puestas en movimiento por cosas (sustantivos) y olvidamos que las reglas de la gramática no son necesariamente patrones de la naturaleza.

19. Las convenciones de la gramática en el lenguaje alfabético, son también responsables de las absurdas adivinanzas que preguntan cómo gobierna el espíritu lo ma-

terial o mueve la mente al cuerpo. ¿Cómo puede un sustantivo, que por definición es *no* acción, producir una acción? El dualismo cartesiano se nos introduce en todos nuestros conceptos: ¡vivimos holísticamente, pero pensamos fragmentariamente!

20. La epistemología de la motricidad no es sólo una teoría, es un sentimiento, está integrado a la hora de acoger a las personas que se acercan a todo trabajo como educadores y motricistas.

Algunos ejemplos

i. ¿Puedes dejar tu "cuerpo" fuera del aula y tu "mente" dentro, para atender a un profesor?, ¿y al contrario? Si admitimos la dualidad, sería posible; pero si concebimos al ser humano como una complejidad integral, ¿podría admitirse?

ii. Cuando te estás esforzando por mejorar en algún aspecto de tu personalidad, estás poniendo de manifiesto tu motricidad. No importa la actividad que estés realizando, lo que interesa es la intención, porque motricidad es energía que nos impulsa a la acción.

iii. Cuando se camina para ir a algún lugar, la intención está colocada en el lugar a donde voy (no en el acto de caminar). Aquí la motricidad está implícita (por ser cualidad humana), pero no va a mejorar "mi forma de caminar". Cuando camino por caminar y "me-siento-caminando", ahí mi-ser-caminante expresa su motricidad de manera creativa (praxis creadora) y por ello me transforma, trasciendo, me lleva más allá.

iv. Cuando se cocina por cocinar, de manera casi automática y rápida para poner algo en la mesa (o alimentarme yo misma), no "reclamo" de mi motricidad (ella está implícita), por tanto no trasciendo, no mejoro como ser humano. Al contrario, cuando cocino con alegría, amor, buscando la manera lúdica de hacer un plato rico al paladar estoy dando lo mejor de mí (praxis creadora) y por ello trasciendo. ¿Comprendes la diferencia?

v. Cuando estoy explicando un concepto a unos estudiantes, puedo hacerlo de manera pasiva (explico teóricamente, verbalmente) y los estudiantes escuchan. O puedo colocar a los estudiantes a vivenciar el concepto, inventando actividades que les permitan construir el conocimiento desde su ser corpóreo. En el primer caso la motricidad está implícita, en el segundo es explícita: centrífuga (se manifiesta en aquello que realizo) y centrípeta (los estímulos del ambiente me "informan" para poder construir "mi teoría").

vi. Genios de la motricidad, son los deportistas de alto nivel que nos impactan con sus habilidades creadoras. Es por ello, que se tiene la concepción que la motricidad humana es propia del deporte, la danza, la gimnasia. Pero es solamente porque centramos la mirada en lo que más nos deslumbra, no en su significado. Pero... no todo genio del deporte es un ser motricio[4], habría que estudiar si es un ser humano que vive bajo los principios de la motricidad arriba expuestos o por el contrario su vida es anti-ética (usa

---

4 Motricio, es el adjetivo calificativo del sustantivo motricidad. Acuñado por la Red Internacional de Investigadores en Motricidad Humana.

drogas para el rendimiento, por ejemplo), anti-política (no le importa su función como ciudadano, sino solamente su actividad deportiva), etc.

vii. Vida motricia, la que de aquellas personas que se esfuerzan por mejorar cada día, transformarse y transformar, crear su ambiente, en definitiva, trascender. Los seres humanos que se conforman con sobrevivir, no podríamos decir que tienen una vida motricia. Esto es independiente de "tener más o menos", hablamos del "ser" no del "tener".

Para ti, lector

¿Qué te viene a la mente cuando te hablan de motricidad humana?

¿Puedes poner ejemplos de situaciones de tu vida en que has sentido vibrar tu motricidad?

Después de lo leído, ¿cómo puedes definir la motricidad con tus propias palabras?

NOTAS
(Benjumea, 2010; Bohórquez et al., 2006; Bohórquez & Trigo, 2006; dos Santos Silva, 2007; Feitosa, Kolyniak, & Kolyniak, 2006; Genú, Simoes, Wey Moreira, & Alves, 2009; Kolyniak, 2005; Kon-Moción, 2009; kon-traste & Trigo, 2000; kon-traste & Trigo, 1999; Merleau-Ponty, 1945; Sérgio, 1986, 1988, 1989, 1998, 2003, 2006a, 2006b, 2007; Sérgio, Trigo, Genú, & Toro, 2010; Trigo, 2005, 2010; Trigo, 2015; Trigo & Montoya, 2010; Trigo, Montoya, Toro, & Inacio, 2009; Zubiri, 1986).

Ilustración1: Homenaje al Dr. Manuel Sérgio, Lisboa. (Abril 2015).

NO NOS MIRES, ÚNETE…
REFLEXIONA, COMPARTE
Y ACTÚA.
CREA O INTÉGRATE
A UN GRUPO
(virtual/presencial).
¡ES TIEMPO DE
ACTUAR!

BIOGRAFÍAS CREADORES DE LA HUMANIDAD

Adoro a los gatos. Son de las pocas criaturas que no se dejan explotar por sus dueños.
Octavio Paz

¿Sabías qué?...

a. La mayoría de las Ideas que se expresan hoy en día (siglo XXI) ya fueron expuestas, analizadas y suscritas por escritores, artistas, científicos de siglos pasados (XV, XVI, XVII, XVIII, XIX, XX, además de los clásicos griegos). Autores clásicos, muchas veces herejes y, reconocidos en la mayoría de los casos, después de su fallecimiento.

b. La mayor parte de estos creadores (herejes de su tiempo) tuvieron vidas no tan

cómodas pero con sus cualidades y actitudes consiguieron quebrar paradigmas establecidos en su tiempo:
- Imaginación.
- Utopías.
- Soledad.
- Lucha contra lo establecido.
- Destierramiento.
- Pobreza económica en muchos casos.
- Siguen "su" camino, sus visiones, sus intuiciones.
- Se les considera locos en su tiempo y son alabados después de la muerte. A veces, hasta después de un siglo.
- En las rutinas de los creadores no hay un patrón similar de horas de trabajo, sueño y vida social, aunque sí es común el ejercicio que va desde caminatas a la calistenia.

c. La creatividad es la capacidad/cualidad de ser-hacer diferente. De ver las cosas desde otros puntos de vista y buscar caminos que no han sido mostrados todavía.

d. La creatividad es también cuestión de actitud. Decidimos ser creadores y no repetidores de historias.

e. La creatividad no es gratuita, como decía Einstein es 99 por ciento de sudor y 1 por ciento de intuición.

f. No todos somos-podemos ser genios, pero todos podemos ser creadores de nuestra propia historia.

Algunos ejemplos de creadores/genios a lo largo de la historia de la humanidad que han mostrado con su trabajo que otros mundos son posibles y que no siempre son reconocidos en vida. Ellos cambiaron la manera de ver el mundo rompiendo con los moldes establecidos paradigmáticos.

1. Clásicos griegos: La Odisea, La Ilíada, Platón. ¡Qué mundo de fantasía, valores y enseñanzas nos dejan estas lecturas!

2. Cuentos y leyendas infantiles (leídos en la infancia y releídos siempre): El Principito, Alicia en el país de las maravillas, Fábulas de Edipo y Esopo, Cascanueces, Las mil y una noches, El Quijote. ¿Te aburre la lectura?, ¿te encanta?, ¿adónde te llevan estos personajes?

3. Heráclito y Parménides. Dos filósofos griegos que entendían el mundo desde perspectivas opuestas. Heráclito creía en el devenir, en un mundo cambiante y no estático, por tanto no se puede conocer la realidad aplicando sólo la razón como una única verdad. Por el contrario, Parménides cree que es a través de la razón que conocemos la verdad del mundo porque es fija y no cambiante.

¿A qué les suena esto? ¿Por qué en el mundo occidental se instaló el paradigma de Parménides –el mundo es estático- y no el de Heráclito –el mundo es cambiante?

4. Leonardo da Vinci (1452: Toscana – 1519: Amboise). Italia. Considerado el paradigma del *homo universalis*, del sabio renacentista versado en todos los ámbitos del conocimiento humano. Leonardo da Vinci incursionó en campos tan variados como la aerodinámica, la hidráulica, la anatomía, la botánica, la pintura, la escultura y la arquitectura, entre otros. Sus investigaciones científicas fueron, en gran medida, olvidadas y minusvaloradas por sus contemporáneos; su producción pictórica, en cambio, fue de inmediato reconocida como la de un maestro ca-

paz de materializar el ideal de belleza en obras de turbadora sugestión y delicada poesía.

¡Es el genio que todos conocemos y citamos pero pocos hemos leído y contemplado!

5. Galileo Galilei (1564: Pisa – 1642: Arcetri). Italia. La revolución científica del Renacimiento tuvo su arranque en el heliocentrismo de Copérnico y su culminación, un siglo después, en la mecánica de Newton. Su más eximio representante, sin embargo, fue el científico italiano Galileo Galilei. En el campo de la física, Galileo formuló las primeras leyes sobre el movimiento; en el de la astronomía, confirmó la teoría copernicana con sus observaciones telescópicas. Pero ninguna de estas valiosas aportaciones tendría tan trascendentales consecuencias como la introducción de la metodología experimental, logro que le ha valido la consideración de padre de la ciencia moderna. Por otra parte, el proceso inquisitorial a que fue sometido Galileo por defender el heliocentrismo acabaría elevando su figura a la condición de símbolo. En 1992, exactamente tres siglos y medio después del fa-

llecimiento de Galileo, la comisión papal a la que Juan Pablo II había encargado la revisión del proceso inquisitorial reconoció el error cometido por la Iglesia católica.

6. Isaac Newton (1642-1727) y René Descartes (1596: La Haye, Francia – 1650: Estocolmo, Suecia). Los responsables del cartesianismo, del dualismo antropológico, de la separación, cuantificación y fragmentación de la realidad. Los "culpables" intelectuales de nuestro mundo actual. Pero también los grandes creadores de la ciencia que permitió vivir más años y en mejores condiciones.

7. Giambattista Vico (1688 – 1744: Nápoles). Italia. La filosofía de Vico, en que lo real alcanza una complejidad sobre la cual es imposible actuar según criterios de claridad y evidencia, desempeñó un papel relevante en el romanticismo, y prefigura, con su descubrimiento de lo histórico, temas de la filosofía kantiana y hegeliana. Incomprendido en su época, dominada por un punto de vista cartesiano, su contribución filosófica no le ayudó a mejorar su situación económica y social, como tampoco le reportó ningún re-

conocimiento académico, y acabó los últimos años de su vida como profesor de retórica en Nápoles, obligado a recurrir, con frecuencia, a dar clases particulares para ganarse la vida.

¡La necedad de los seres humanos es histórica! ¡A Vico recién lo vengo a descubrir en estos últimos tiempos y es uno de los responsables de querer escribir este libro! Es como un homenaje a los verdaderos creadores y no a sus imitadores. Él dice que la capacidad creativa del hombre es resultado de un cuarteto formado por la memoria, la fantasía, el ingenio y el sentido común y defiende que constituyen una única facultad: memoria, cuando recuerda las cosas; fantasía, cuando las altera y distorsiona; ingenio, cuando les da forma y las presenta convenientemente y en orden.

8. Mozart. (1756: Salzburgo – 1791: Viena). Austria. Considerado como el mayor genio musical de todos los tiempos, Wolfgang Amadeus Mozart compuso una obra original y poderosa que abarcó géneros tan distintos como la ópera bufa, la música sacra y las sinfonías. El compositor austriaco se hizo célebre no únicamente por

sus extraordinarias dotes como músico, sino también por su agitada biografía personal, marcada por la rebeldía, las conspiraciones en su contra y su fallecimiento prematuro. Personaje rebelde e impredecible, Mozart prefiguró la sensibilidad romántica. Fue, junto con Händel, uno de los primeros compositores que intentaron vivir al margen del mecenazgo de nobles y religiosos, hecho que ponía de relieve el paso a una mentalidad más libre respecto de las normas de la época. Su carácter anárquico y ajeno a las convenciones le granjeó la enemistad de sus competidores y le creó dificultades con sus patrones.

9. Ignacio Semmelweis (1818: Taban-Budapest – 1865: Viena). Hungría. La pasteurización llegó de la mano de Louis Pasteur, pero fue este médico húngaro quien sentó las bases. Al trabajar en una clínica de maternidad descubrió a las bacterias, porque los médicos no se lavaban las manos. Murió luego de ser declarado loco.

¡Un personaje hace el descubrimiento, nadie le hace caso y otro se aprovecha de la idea, la desarrolla y es aclamado! En muchas ocasiones, nos olvidamos de darle el crédito al autor original, éste queda olvidado en la historia, hasta que a alguien se le ocurre indagar en un concepto.

10. Julio Verne (1828: Wanles – 1905: Amiens). Francia. Escritor francés considerado el fundador de la moderna literatura de ciencia ficción. Predijo con gran precisión en sus relatos fantásticos la aparición de algunos inventos generados por los avances tecnológicos del siglo XX, como la televisión, los helicópteros, los submarinos o las naves espaciales.

¡Si no has leído las fantásticas aventuras en tu juventud, te animo a que lo hagas ahora! Una buena manera de recrear la mente.

11. Madame Curie. [Maria Salomea Skodowska-Curie]. (1867: Varsovia – 1934: Passy). Polonia. Conocida habitualmente como Marie Curie, fue una científica polaca, nacionalizada francesa. Pionera en el campo de la radiactividad, fue, entre otros méritos, la primera persona en recibir dos premios Nobel en distintas especialidades —Física y Química— y la primera mujer en ocupar el puesto de profesora en la Universidad de París. En 1995 fue sepul-

tada con honores en el Panteón de París por sus méritos.

Sus logros incluyen el desarrollo de la teoría de la *radiactividaa* (un término que ella misma acuñó), técnicas para el aislamiento de isótopos radiactivos y el descubrimiento de dos elementos —el polonio y el radio—. Bajo su dirección, se llevaron a cabo los primeros estudios en el tratamiento de neoplasias con isótopos radiactivos. Fundó el Instituto Curie en París y en Varsovia, que se mantienen entre los principales centros de investigación médica en la actualidad.

¡Qué difícil para una mujer de aquellos tiempos dedicarse a la ciencia y la investigación en un laboratorio! ¡Cuántos obstáculos debió de tener que superar! ¿Quieres conocer su vida? Ve la película estrenada en 1944 en Estados Unidos.

12. Albert Einstein (1879: Ulm/ Baviera/ Alemania –1955: Princeton/EEUU). El pequeño Albert fue un niño quieto y ensimismado, y tuvo un desarrollo intelectual lento. El propio Einstein atribuyó a esa lentitud el hecho de haber sido la única persona que elaborase una teoría como la de la re-

latividad: «un adulto normal no se inquieta por los problemas que plantean el espacio y el tiempo, pues considera que todo lo que hay que saber al respecto lo conoce ya desde su primera infancia. En el siglo XVII, la sencillez y elegancia con que Isaac Newton había logrado explicar las leyes que rigen el movimiento de los cuerpos y el de los astros, unificando la física terrestre y la celeste, deslumbró hasta tal punto a sus contemporáneos que llegó a considerarse completada la mecánica. A finales del siglo XIX, sin embargo, era ya insoslayable la relevancia de algunos fenómenos que la física clásica no podía explicar. Correspondió a Albert Einstein superar tales carencias con la creación de un nuevo paradigma: la teoría de la relatividad, punto de partida de la física moderna.

¡Y pensar que se tardó más de un siglo en reconocerlo! Y, a pesar que la física cuántica es una realidad hoy en día, ¡qué poco la entendemos como comprensión del mundo no-estable del siglo XXI!

13. Alfred Wegener (1880: Berlín-1930: Groenlandia). Alemania. El meteorólogo Alfred Wegener cometió su herejía en 1912. Al notar que Sudamérica encaja con África

como un rompecabezas, sugirió que todos los continentes estuvieron unidos alguna vez. Las fuerzas geológicas los separaron y derivaron a sus posiciones modernas.

Claro, ¡como estamos condicionados y predispuestos a que las cosas siempre han sido así, no podemos entender que todo se mueve porque la vida es devenir!

14. Teilhard de Chardin (1881: Orcines/Francia –1955: Nueva York). Francia-EEUU. Theilard escribió su principal obra "El fenómeno humano" entre junio de 1938 y junio de 1940, en la época en que su visión del mundo había alcanzado ya su plena madurez; más tarde, principalmente entre 1947 y 1948, lo modificó y lo completó todavía. Su trabajo es una contribución magistral a una fenomenología de lo cósmico... no se trata tanto de una argumentación como de la transcripción de una realidad que se le impuso como una evidencia casi deslumbradora. Ser más es unirse más y más: éstos serán el resumen y la conclusión misma de esta obra. La historia del Mundo viviente consiste en la elaboración de unos ojos cada vez más perfectos en el seno de un Cosmos, en el cual es posible discernir cada vez con

más claridad. La obra fue editada en 1974, siete años después de su muerte.

Chardin muestra ¡tantas cosas ya expresadas y tan poco leídas y reconocidas! ¿Será que se ignoran para así sentirse autores? Cuando esto ocurre, solo queda decir ¡qué pobreza mental!

15. Kalhil Gibrán (1883: Bisharri/Líbano – 1931 Nueva York). Diversas son las corrientes tanto en lo filosófico como en lo más puramente artístico y religioso, que se dan cita en este creador. Su espíritu originario y genuinamente oriental va a empaparse de todo lo visto, sentido y oído, procurando aprender en todo momento para llegar a la piedra angular de toda su obra: el ser humano. Diferentes tendencias aflorarán en sus escritos, pero las propias experiencias vividas van a desempeñar un papel preponderante a la hora de forjar una filosofía propia. En la etapa libanesa ha de encuadrarse su carácter rebelde, la manifiesta crítica social que impregna sus escritos. La etapa americana supone una ampliación cultural, a través del descubrimiento de artistas ingleses y norteamericanos. Por último, Europa, su estancia en la capital francesa hace que se am-

plíen sus horizontes tanto culturales como vitales. Junto a Nietzsche y Espinoza, Buda será uno de sus grandes maestros. También hay que tener en cuenta la línea sufi o mística que impregna toda su obra.

¡La mayoría de la gente de mi generación, al menos en Europa, crecimos con la lectura de los textos de Gibrán! ¡Era la moda en aquel entonces de los años 60 y 70! ¿Qué aprendimos realmente de sus enseñanzas? Poco a la luz de los resultados.

16. Cantinflas [Mario Moreno Reyes] (1911- 1993: Ciudad de México). Actor cómico mexicano. Se hizo mundialmente célebre con el nombre de su personaje Cantinflas. Su personaje basó su comicidad en unas reacciones ingenuas, en su asombrosa naturalidad y en sus personalísimos y desvariados monólogos, continuos, embarullados, inagotables, auténtico flujo del más delirante verbalismo que empezaba con inusitada fluidez y terminaba en balbuceos y galimatías ininteligibles, en interminable verborrea, mientras movía incansablemente su mano izquierda para acompañar la insólita proliferación de sus muecas.

¿Quién no rió a carcajadas con este personaje? Y al mismo tiempo ¡cuánta crítica dejaba traslucir!, no precisamente en épocas liberales. ¡Lo que podemos "quebrar" con el arte! ¿Por qué no somos más artistas y menos logistas?

17. Alan Watts (1915: Chislehurst – 1973: Mount Tamalpais, California). Inglés. Ha tenido mucha influencia durante la década de 1960, en el pensamiento esotérico de Norte América, particularmente en la difusión del pensamiento y la filosofía Oriental en el Estado de California, de donde salieron distintos movimientos en los años sesenta y setenta.

La mayoría de las cosas que se denuncian hoy día en el mundo, ya Watts las comentaba y ahondaba en sus libros. Te sugiero sobre todo *El libro del tabú*.

18. Nelson Mandela [Nelson Rolihlahla Mandela] (1918: Mvezo, Transkei – 2013: Johannesburgo). Activista y político sudafricano que lideró los movimientos contra el apartheid y que, tras una larga lucha y 27 años de cárcel, presidió en 1994 el primer gobierno que ponía fin al régimen racista. El

siglo XX dejó dos guerras mundiales, los campos de exterminio y el terror atómico, pero también grandes campeones de la lucha contra la injusticia, como Mahatma Gandhi, Martin Luther King y el más carismático de todos Nelson Mandela.

¿De dónde sacan el coraje algunos encarcelados?, ¿cómo se mantienen vivos y al final se convierten en grandes líderes? Y… ¿qué no hemos aprendido para que el esfuerzo de un hombre no consiga la paz? ¡Qué placer, enojo y aprendizaje deja la lectura de sus autobiografías!

19. Pablo Picasso. (1881: Málaga – 1973: Moulins, Francia). Pintor español. La trascendencia de Picasso no se agota en la fundación del cubismo, revolucionaria tendencia que rompió definitivamente con la representación tradicional al liquidar la perspectiva y el punto de vista único. A lo largo de su dilatada trayectoria, Pablo Picasso exploró incesantemente nuevos caminos e influyó en todas la facetas del arte del siglo XX, encarnando como ningún otro la inquietud y receptividad del artista contemporáneo. Su total entrega a la labor creadora y su personalidad vitalista, por otra parte,

nunca lo alejarían de los problemas de su tiempo; una de sus obras maestras, el *Guernica* (1937), es la mejor ilustración de su condición de artista comprometido.

¿Alguien entiende su pintura? Difícil si no has vivido el terror de las dictaduras. ¡Qué manera de exponer los horrores y al mismo tiempo la belleza!

20. Tolkien [John Ronald Reuel Tolkien].(1892: Bloemfontein, Sudáfrica – 1973: Bournemouth, Reino Unido). Escritor británico de origen sudafricano mundialmente conocido como autor de *El señor de los anillos* (1954-1955), un verdadero clásico de la literatura fantástica. Su obra ha alcanzado una difusión mayor gracias a las adaptaciones cinematográficas de Peter Jackson.

Un "mero" profesor que no ganaba casi para subsistir él y su familia. Tardó varias décadas en escribir su gran aventura.

21. Steve Jobs. (1955: San Francisco – 2011: Palo Alto, California). Informático y empresario estadounidense. Padre del primer ordenador personal y fundador de Apple Computer, probablemente la empresa más innovadora del sector, este mago de la

informática fue uno de los más influyentes de la vertiginosa escalada tecnológica en que aún vive el mundo actual, contribuyendo decisivamente a la popularización de la informática. Sus ideas visionarias en el campo de los ordenadores personales, la música digital o la telefonía móvil revolucionaron los mercados y los hábitos de millones de personas durante más de tres décadas.

¡Creó su gran idea/empresa con nada! Y nos impulsó, una y otra vez, a no ser perdedores sino a esforzarnos por cumplir nuestros sueños.

Para ti, lector

¿Qué personas creativas conoces? ¿Por qué las denominas de creativas?

Indica alguna cosa, idea, situación que hayas realizado en tu vida y que consideres como creativa. ¿Por qué?

¿Qué reflexiones te sugieren estos autores?

¿De qué manera se relacionan con tu Vida?

Tómate un tiempo para que las ideas formen cuerpo dentro de ti, compártelas antes de seguir adelante.

Escribe una frase que recoja el significado que tú le das.

NOTAS

(Berman, 1992; Bohm & Peat, 1988; Csikszentmihalyi, 1998; Felippe, 1998; kon-traste & Trigo, 1998; Laszlo, 2008; Leme, 1998; Marina, 1993; Maslow, 1993; Morris, 2006; Osho, 2001; Stein, 2000; Trigo, 2006).

Ilustración 2: Escalinatas Plaza Mayor, Convenciones y Exposiciones (Medellín, Colombia)

NO NOS MIRES, ÚNETE…
REFLEXIONA, COMPARTE
Y ACTÚA.
CREA O INTÉGRATE
A UN GRUPO
(virtual/presencial).
¡ES TIEMPO DE
ACTUAR!

CRISIS DEL MUNDO ACTUAL

La crisis se produce cuando lo viejo no acaba de morir y cuando lo nuevo no acaba de nacer.
Bertold Bretch.

¿Sabías que?...

a. Las crisis del mundo actual, devienen de una única crisis, la crisis de los diversos sistemas en los que hemos vivido los seres humanos desde el final de la Segunda Guerra Mundial: socialista, comunista, capitalista; lo que implica una gran crisis civilizatoria.

b. El 1% de la población mundial cuenta con más riqueza que el 99% restante. O, dicho de otra manera, 62 personas poseen la misma riqueza que la mitad de la población mundial[5].

Algunos ejemplos que más incomodan (en últimas es el propósito de escribir este libro):

1. Exceso de tecnología. Es más importante la comunicación virtual que la presencial. Podemos hablar de padres e hijos huérfanos en dos sentidos: los niños y jóvenes se sumergen en el mundo virtual olvidándose del contacto con su familia; o, sus padres se introducen en el mismo mundo y se olvidan de sus hijos.

2. El centro es el dinero como capital acumulado.

3. La prisa del hoy, impide pensar en calma para crear ideas grandes.

4. Las verdades establecidas del capital, no hay alternativas, es el mejor de los siste-

---

[5] Dato extraído de la revista *Dinero*, nº 485. Enero 2016.

mas. Desarrollo = crecimiento sin límites = cantidades (de dinero, de carros-coches, de aparatos electrónicos, de títulos, de publicaciones).

5. Manipulación de los medios. Lo que es y no es noticia. Lo importante es vender no informar. Todo lo que no sale en la televisión no existe.

6. Escuela del siglo XIX para el siglo XXI.

7. Horror a los cambios de manera generalizada.

8. Cambiar "todo" para que todo siga igual.

9. Crisis total, pero nadie quiere modificar su forma de vida. Preferimos morir antes que buscar otras alternativas.

10. Las armas primero, la paz después. El dinero que dejan las armas.

11. La Tierra, el Planeta hay que explotarlo. No forma parte de nosotros, hay que

"sangrarlo" extirpándole sus venas. La Tierra es "una cosa, un objeto" sin vida y por tanto a nuestro servicio.

12. La "maldad" del pueblo islámico, la "bondad" de los pueblos indo-afro-americanos.

13. Europa, perdida de sí misma.

14. LatinoAmérica, fuera de sí misma, se alimenta de la disculpa de "pueblo colonizado".

15. China, olvidada de sí misma. Complejo de inferioridad respecto a sus valores tradicionales: queremos competir en el mercado.

16. África, un no-continente: conjunto de pueblos enfrentados históricamente.

17. Los "espiritualistas", el otro extremo del capital... pero "con capital extirpado a otros". Nueva manipulación de las mentes.

18. Todos tenemos los mismos derechos = todos somos iguales. ¿Cómo cuadra con la diferencia?

19. Nos gusta ser ganado, dejarnos llevar por otros. Tomar consciencia no es suficiente.

20. Las Universidades se dejaron "convencer" por el capital y el ámbito deportivo y así trabajan en el mundo creado por y para el capital: competencias (ya no aprendizajes diversos no encasillados), clientes (ya no más estudiantes), productividad (manifestada en "más artículos publicados en revistas indexadas", lo que no significa mayor calidad y/o innovación), competitividad (trabajo individual y no colaborativo).

21. La mayoría de las cosas que hoy se publican en el ámbito académico, son meras copias o re-ajustes de trabajos ya editados en años anteriores y que en su momento sí fueron innovadores.

22. No existe pobreza (hay suficiente para todos los seres humanos que habitamos el planeta Tierra), sino la mala distribu-

ción de los recursos. Esto es el antiético sistema capitalista.

23. El mundo tecnológico al que se ha llegado, es suficiente para que todos los seres podamos vivir sin tanto esfuerzo como lo hemos tenido que hacer hasta aquí. ¿Por qué no lo aplicamos para un Bien/Buen Vivir?

24. Tenemos grandes problemas sin resolver en la Tierra y dedicamos trillones y trillones de capital a viajar por el espacio ¿en busca de qué?

25. La peor pobreza: la pobreza mental. ¡Esa sí que es maldita!

26. La globalización nos ha obligado a convivir todos con todos y ¡veamos los resultados! ¡Somos seres tribales y no nos van a hacer globales por decreto!

27. Las ideologías – cosmovisiones – creencias, "limitan, condicionan" las formas de pensar, construir mundos. Existen tantos mundos como "caminos" elegidos para conocerlos.

28. Luxemburgo, con sólo medio millón de habitantes, acoge la mayor cantidad de fondos de inversión después de Estados Unidos.

29. Cultivos contaminados por exceso de químicos, transgénicos, comida chatarra, ¿y nos quejamos por enfermarnos?

Para ti, lector

¿Cuáles son los principales problemas del mundo según tu opinión y experiencia de vida?

¿Qué es lo que mayormente te preocupa y te inquieta el sueño?

¿Quiénes son, en general, tus fuentes de información?

¿Cuáles son tus problemas en tu contexto?

¿De qué manera se pueden resolver?

¿No será hora de actuar aprovechando el mundo cibernético?

NOTAS

-Manipulación de unos pocos (Estulin, 2005; Ramonet, 2000, 2007a, 2007b, 2007c; Ramonet, 2012a, 2012b, 2014, 2015; Varios, 2001, 2010).

-Sobre la manera de vivir el tiempo (Honoré, 2005; Molas, 2006; Panikkar, 1999).

-Escuela (Jarauta & Imbernón, 2012; Negrão, 2015).

-Universidad, decadencia, competencias, indexación (Alcántara Salazar, 2013; Noam Chomsky, 2014).

-América Latina,(Escobar, 2016; Sanabria Duque, 2015) ¿ejemplos? (Estermann, 2008; García Linera, 2015; Pachón Soto, 2015; Rauber, 2010; Santos Sousa, 2010).

-Política internacional (AAVV, 2015a, 2015b, 2016; Dierckxsens, 2008; Fernández Gabard & Zibechi, 2016; Maldonado, 2015; Ramoneda, 2001; Semanal, 2015; Zucman, 2015).

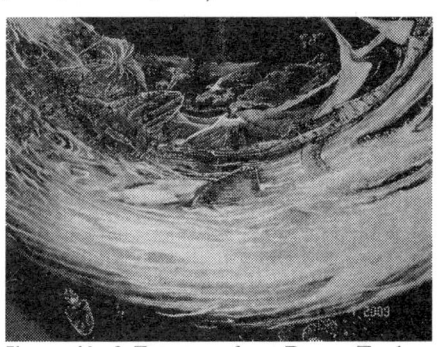

Ilustración 3: Foto tomada en Parque Explora (Medellín, Colombia)

NO NOS MIRES, ÚNETE…
REFLEXIONA, COMPARTE
Y ACTÚA.
CREA O INTÉGRATE
A UN GRUPO
(virtual/presencial).
¡ES TIEMPO DE
ACTUAR!

HEREJES DE LA CIENCIA Y LA POLÍTICA

> *Supercalifragilístico-*
> *espialidoso*
> Mary Poppins,
> película de Walt Disney.

¿Sabías que?...

Al interior de la/s "ciencia/s" actual del siglo XXI continua habiendo herejes. Son los nuevos revolucionarios que ya no encajan en el paradigma de la ciencia normal.

Algunos ejemplos que impactan[6]

1. Fritjof Capra. Físico y teórico de sis-

---

[6] Estos herejes podrían ser también creadores en su época. Los colocamos en capítulo diferente, por referirnos aquí a los quiebres paradigmáticos que ellos son capaces de establecer en la ciencia y la política, las dos grandes instancias de la construcción de conocimiento y sociedad.

temas austríaco, nacido en Viena el 1 de febrero de 1939. Sus estudios sobre las implicancias filosóficas de la física de partículas se reflejan en su obra más conocida *El Tao de la Física*. Junto a otros científicos, como Stanislav Grof (1931: Praga) y David Bohm (1917: Pensilvania – 1992: Londres), entre otros, conforman el denominado Nuevo Paradigma, en que científicos con una afinidad común han profundizado en el estudio de las posibles interrelaciones de la Ciencia con ciertas corrientes de misticismo oriental.

¡Física y misticismo, por fin se encuentran! Es un libro de estudio básico en todos los seminarios de investigación.

2. Francisco Varela (1946-2001). Biólogo chileno. Uno de sus principales aportes es el trabajo realizado con Humberto Maturana, del que nació la teoría de la autopoiesis, que define a los seres vivos como organismos autónomos. Más tarde, Varela comienza el estudio de los mecanismos neuronales asociados a los fenómenos conscientes, en que investiga la sincronía de la actividad neuronal y su relación con la percepción y los estados de conciencia. Por último, Varela se interesa en desarrollar una meto-

dología para la investigación de estos fenómenos, que denomina *neuro-fenomenología*, en que intenta conciliar la mirada científica con la experiencia vital. Varela practicó el budismo a lo largo de su vida e intentó generar un diálogo científico.

"Hay un mensaje que todo el mundo debiera comprender hoy por hoy, que esa historia del antagonismo o de la dualidad mente-cuerpo se acabó. Que eso es puramente un reflejo adquirido, que desde el punto de vista científico, filosófico y culturalmente -dicho así en grande-, no hay manera ni ninguna razón para confundir". "Decir que hay una especie de contradicción o de separación entre la mente y el cuerpo tendría que ser lo mismo que pensar que hay una contradicción entre el movimiento del caballo y sus patas".

Sus textos e investigaciones rompieron el paradigma de la fragmentación y mostraron, desde el laboratorio, lo equivocados que estamos en la cultura/ciencia occidental.

3. Rupert Sheldrake (nacido en 1942) es un controvertido biólogo y filósofo británico y autor. Desarrolló la hipótesis de los

Campos morfogenéticos y produjo publicaciones e investigaciones relacionadas con temas como el desarrollo y la conducta, telepatía, percepción y metafísica de animales y plantas. Uno de los defensores de la teoría holística. La revista *Nature*, le denominó por muchos años como "el más firme candidato a la hoguera".

Y... sin embargo es colega científico de Capra, Bohm, Davies, Lovelock y otros herejes. Sus libros nos descubren misterios que la ciencia no quiere admitir. ¿Imaginan un libro titulado *El espíritu de la ciencia*?

4. Oliver Sacks (1933: Londres – 2015: Nueva York). Neurólogo británico. Sacks alcanzó una notoria popularidad en todo el mundo como autor de libros basados en las experiencias reales de sus pacientes.

Lo significativo del estudio que hacen de las historias clínicas es que su capacidad de observación le lleva a buscar explicaciones más allá de los textos "normales" de la época y, en muchas ocasiones, encuentra la descripción del mal observando a autores de siglos anteriores que han pasado desapercibidos u olvidados por obsoletos en el mundo de la ciencia.

5. Manuel Sérgio Vieira Cunha, de nombre literario Manuel Sérgio. Natural de Lisboa (Portugal, abril 1933). Licenciado en Filosofía. Doctor y Profesor Agregado en Motricidad Humana. Es socio fundador de la Sociedad Portuguesa y la Sociedad Internacional de Motricidad Humana. Ha sido congresista en el Parlamento de Portugal. Creador de la Ciencia de la Motricidad Humana, hizo un corte epistemológico dentro de la Educación Física y la ha desarrollado en toda su extensa obra.

Ya en su tesis doctoral *Para uma epistemología da motricidade humana*, dice "el ser humano es cuerpo-alma-naturaleza-sociedad y, por eso, el saber de la ciencia no puede realizarse con prejuicio de la cultura, de la subjetividad, de la espiritualidad. La motricidad humana, sin embargo, revela algo más: que el ser humano es deseo de trascendencia. Y, porque mira la trascendencia, él manifiesta que no es objeto, sino sujeto de su propia historia; que es hoy, mañana y siempre una tarea a realizar; que, al nivel de lo humano, no hay datos sino posibles".

6. Edgar Morin. (París, 1921) Sociólogo y antropólogo francés. Estudioso de la crisis interna del individuo, ha abordado la comprensión del «individuo sociológico» a través de lo que él llama una «investigación multidimensional», es decir, utilizando los recursos de la sociología empírica y de la observación comprehensiva. Fuertemente crítico con los mass-media, ha analizado asimismo los fenómenos de propagación de la opinión.

Uno de los grandes intelectuales de nuestro tiempo. En todos sus libros siempre hay nuevas ideas y propuestas fundamentadas y expuestas con coraje.

7. Leonardo Boff. (Genesio Darcí; Concordia, 1938). Teólogo brasileño. Fraile franciscano. Es considerado uno de los mayores renovadores de la teología de la liberación latinoamericana. Con la llegada del nuevo siglo, se convirtió en el máximo representante de la llamada "teología de la ecología", una ampliación, a su juicio, de la "teología de la liberación". En 2001 recibió el Premio Correcto Modo de Vida, galardón conocido como el Nobel Alternativo instituido en 1980 para premiar las tareas en be-

neficio de la humanidad que quedan fuera de los tradicionales premios de la Academia sueca. Es activista del Foro Social Mundial.

8. James Lovelock (Inglaterra, 1919). Es científico, inventor y escritor. Lleva más de 40 años dedicándose al cultivo de la ciencia desde su casa en un pueblecito inglés. Su famosa teoría Gaia ha cambiado nuestra manera de pensar acerca de la Tierra y ha sentado las bases del movimiento verde. Este científico fuera de lo común narra su infancia, su aprendizaje y la evolución de sus numerosas e influyentes ideas, en especial su revolucionaria hipótesis Gaia: la visión de la Tierra (Gaia era el nombre de la diosa griega de la Tierra) como un todo viviente, que se modifica y se regula a sí misma. Es, sin duda, uno de los científicos más destacados, creativos, influyentes y polémicos de nuestra época. Vale la pena señalar que las culturas amerindias conciben la Tierra como un ser vivo.

¡Qué belleza de textos que escribe! Y lo hace de una manera tan amena que no parece que esté explicando cosas bien complicadas de la física. Así son los sabios/genios. Saben llegar a todos con palabras simples y no enredan las frases para que nadie los entienda. ¡La Tierra Viva!, ¡cuánto tenemos que aprender a sentir!

9. Pepe Mujica. Nació el 20 de mayo de 1935 en Montevideo, Uruguay. Formó parte del Movimiento de Liberación Nacional-Tupamaros. Fue apresado cuatro veces siendo brutalmente torturado. Pasó casi 15 años en prisión, en las elecciones de 1994 resultó elegido diputado por Montevideo, en las de 1999 fue elegido senador. En 2005 fue nombrado Ministro de Ganadería, Agricultura y Pesca. Prestó juramento el 1 de marzo de 2010 en el Palacio Legislativo como presidente de la República Oriental del Uruguay. En 2013 The Economist declaró a Uruguay el país del año.

De presidente, colocó su pasado por delante para que no estorbara, "tengo una historia distinta a los demás presidentes", decía. ¡El presidente más JM pobre del mundo!, ¡una oveja negra al poder!, ¡una estrella en la oscuridad de la política mundial! Un hombre que dice que no es "pobre" sino "austero" para tener su "libertad" y que para eso es necesario "andar ligero de equipaje". Y lo explica contando que cocina, lava platos, realiza compras, dona la mayoría de su sueldo. Pasó a ser Pepe Mujica para el mundo político mundial y dejó en el haber de Uruguay, la habilitación del matrimonio gay, la despenalización del aborto y la regulación de la producción y la comercialización de la marihuana por parte del Estado.

10. Ignacio Ramonet. (Redondela, Pontevedra, 5 de mayo de 1943) periodista español establecido en Francia. Una de las figuras principales del movimiento altermundista. Un editorial escrito en *Le Monde Diplomatique* durante 1997 dio lugar a la creación de ATTAC[7], cuya labor se dedicó originalmente a la defensa de la tasa Tobin. En la actualidad ATTAC se dedica a la defensa de una gran variedad de causas de la izquierda política y tiene como presidente de honor a Ramonet. Fue también uno de los promotores del Foro Social Mundial de Porto Alegre del que propuso el lema: «*Otro mundo es posible*». Es Doctor Honoris Causa de la Universidad de Santiago de Compostela, de la Universidad Nacional de Córdoba,

---

[7] **Attac** es una organización internacional involucrada en el movimiento altermundialista.

de la Universidad Nacional de Rosario y de la Universidad de La Habana.

Sus escritos ayudan a comprender la manipulación sibilina que hacen los medios de comunicación y a mostrarnos otros espacios informativos más libres y menos corruptos.

11. Hugo Zemelman. (1931: Concepción, Chile – 2013: Pátzcuaro, México). Abogado, sociólogo, académico, maestro, pensador y epistemólogo latinoamericano. Abandonó Chile con motivo del golpe de Estado de 1973, que derrocara al presidente Salvador Allende. Desde entonces residió en México. Creó el Instituto "Pensamiento y Cultura en América Latina" (Ipecal).

Es un defensor del pensamiento autónomo, de las capacidades y potencialidades del sujeto, a la vez que demanda hacia los seres humanos para asumir el desafío de ser partícipes activos de su propia historia y con ello: transformar posibilidades en realidades tangibles.

12. Darío Botero. (1938-2010; Calarcá, Quindío, Colombia). Escritor, pensador, profesor emérito y maestro de la Universi-

dad Nacional de Colombia; recibió el doctorado de la Universidad Nacional con el título de maestro; estudió derecho, ciencias políticas y filosofía. Desarrolló un proyecto filosófico original que denominó Vitalismo Cósmico. Fue vitalista y utopista. Dejó un legado importante al pensamiento Colombiano y Latinoamericano.

13. Noam Chomsky. [Avram Noam Chomsky] (Filadelfia, 7 de diciembre de 1928), es un lingüista, filósofo y activista estadounidense. Es profesor emérito de lingüística en el Instituto Tecnológico de Massachusetts (MIT) y una de las figuras más destacadas de la lingüística del siglo XX, gracias a sus trabajos en teoría lingüística y ciencia cognitiva. Es, asimismo, reconocido por su activismo político, caracterizado por una fuerte crítica del capitalismo contemporáneo y de la política exterior de los Estados Unidos. Se ha definido políticamente a sí mismo como un anarquista o socialista libertario. Ha sido señalado por el *New York Times* como «el más importante de los pensadores contemporáneos».

14. Ha-Joon Chang. [Hangul Hanja], nacido en Corea del Sur en 1963). Elegido en 2014 como una de las diez personas más influyentes del mundo por la revista *Times*, el economista surcoreano especialista en desarrollo y crítico del neoliberalismo, es conocido por su teoría de la escalera, que sostiene que los países desarrollados crecieron gracias al proteccionismo y la intervención del Estado, pero luego quisieron impedir al resto de los países seguir este camino, pateando la escalera.

Para ti, lector

¿Qué te dicen estas biografías?

¿A quién conocías?

¿Qué otros personajes citarías como importantes en tu historia de vida?

¿Conoces otros herejes?, ¿cuál podría ser su aporte a este tema?

NOTAS

(AAVV, 2015b; Benavides Martinez, 2016; Leonardo Boff, 2016; D. Botero, 2005a, 2005b; Darío Botero, 2016; Botero Uribe, 1994, 2000; Fritjov Capra, 1982, 1998, 2002, 2007, 2008, 2016; F. Capra et al., 1999; CEO, 2000; Chang, 2015; Noam Chomsky, 2016; Danza & Tulbovitz, 2015; Lovelock, 2006; Morin, 2016; Mujica, 2016; Mújica, 2010; Ramonet, 2007b; Ramonet, 2012a, 2012b, 2015; Sacks & otros, 1996; I. Sánchez, 2016; Sérgio, 1996, 2005; Sheldrake, 1995, 2007; Talbot, 2006; Varela, 2000a, 2000b; Varios, 2001, 2010; Hugo Zemelman, 2016).

Ilustración 4: Picasso pintado con los pies por Marilei M.V. Fernandes, Natal, Brasil (24-11-2007).

NO NOS MIRES, ÚNETE…
REFLEXIONA, COMPARTE
Y ACTÚA.
CREA O INTÉGRATE
A UN GRUPO
(virtual/presencial).
¡ES TIEMPO DE
ACTUAR!

VALORES DE POR VIDA

La gente no puede cambiar si no hay un núcleo inmutable dentro de ellos. La llave de la habilidad para cambiar es un sentido inmutable de quién eres, de qué vas y qué valoras.
Stephen Covey.

¿Sabías que?...

Las cosas, valores, conocimientos y actitudes que tienen importancia se mantienen a lo largo del tiempo, alimentan la vida personal-profesional, los proyectos y la manera de encarar los problemas.

Al mismo tiempo, los valores permiten asumir los cambios, al constituirse como polo a tierra; el anclaje que impide la desviación por derroteros no tan deseables.

Algunos ejemplos a partir de la experiencia compartida en diversas situaciones de aula e investigación:

a. Sobre el trabajo en grupos de investigación, dirección de proyectos y otros:

1. Trascender, darse a conocer y respetar a través de sus productos. Es tan fuerte que uno quiere estar en él, aportando, dando lo mejor de sí, con trabajo participativo, dinámico, lúdico, mostrando logros reconocidos al exterior e interior del grupo.

2. Tener un horizonte claro, con metas a corto, medio y largo plazo.

3. Ir publicando los productos, socializando, compartiéndolos, enriqueciéndolos con aportes externos (de otros).

4. Construir grupos pluriétnicos, pluriculturales e interdisciplinarios.

5. Crear lazos de amistad fuerte dentro del grupo.

6. Siempre ir más allá de los objetivos propuestos, siendo disciplinados, ordenados, cumplidores del deber asumido, gozar, disfrutar lo que se está haciendo, para que haya producción placentera.

7. Ser pioneros, innovadores, trabajar duro y con amor, no importa el sacrificio, el nivel de exigencia requerido.

8. Saber planear y estructurar lo que se hace con evaluaciones periódicas, para que no se pierda el horizonte y obtener los logros deseados.

9. Saborear, deleitar, saber hacer la pausa, disfrutar la recompensa del trabajo realizado, aplicar diferentes metodologías.

10. Aplicar estos logros, conocimientos en la vida familiar, laboral con autosatisfacción y auto-realización, tener mayor autonomía, adaptabilidad al trabajo en equipo, ser coherentes entre el planteamiento epistemológico y la praxis creativa.

11. Estar en contacto con valores como: la perseverancia, la alegría, el pensa-

miento paralelo, la curiosidad, la honestidad, la humildad, la pasión, la colaboración, la convicción creadora, el respeto.

12. Dar y recibir confianza en el equipo de trabajo, pues se valora las capacidades, posibilitando proyectarlos en lo personal.

13. Otras miradas son posibles y por lo tanto haciendo más grande esta idea... otro mundo es posible; es necesario si queremos una sociedad más equilibrada.

14. Interesarse por lo que las personas están haciendo y hacer lo más posible para que puedan dar lo mejor de sí mismas.

15. No tener agendas escondidas o intereses propios sin compartir.

16. Estimular a las personas a pensar en alto, sin prejuicios con las palabras, dejar que se diga todo lo que se precisa decir, sin críticas.

17. Estimular la diversión por el conocimiento, la risa y por qué no, el llanto si es necesario.

18. Inventar caminos para cada situación y persona con quien estemos trabajando.

19. Tener en cuenta las necesidades totales de la persona, no sólo su trabajo. Darse cuenta cuando es necesario descansar, reír, caminar, escribir, soñar, dormir.

20. Admitir y asumir los atrasos y confusiones que un determinado trabajo puede suponer en la vida de la persona.

21. Ser sincero en las apreciaciones y evaluaciones del trabajo en pro de llegar al mejor producto que esa persona tiene que mostrar. No permitir desfallecer.

22. Estar disponible y asequible siempre que la persona lo precisa.

23. Respetarse y respetar al otro siempre y en todo momento, a pesar que existan diferencias.

24. Hacer las cosas lo más simples posibles, no complicar lo que puede explicarse con palabras del lenguaje común.

25. Exigirse y exigir. No admitir la mediocridad.

26. Ir más allá de lo obvio, más allá de las fronteras visibles.

27. Atreverse a indagar por caminos varios, ir más allá de las normas establecidas por la Academia para mostrar a la propia Academia que otras rutas son posibles.

28. Los compromisos son con toda la persona, no con su "mente".

29. El trabajo no está separado de la vida.

30. Estar en armonía consigo mismo, el contexto, la familia, los amigos, la sociedad.

b. Sobre la orientación de seminarios:

1. Coherencia entre lo que se dice y lo que se hace en el aula.

2. Lo más importante es el ser humano y que antes de adentrarme en el mundo del

otro, debo adentrarme en mi interior, conocer mi propia historia de vida, mi contexto y a partir de allí, entrar a conocer lo de los otros.

3. El ser humano es un todo con la naturaleza, por lo tanto no se puede separar su estudio, se debe mirar de manera integral: cuerpo, mente, espíritu y cosmogonía.

4. El conocimiento se construye en colectivo.

5. La información no es el conocimiento, éste solamente se da si interiorizamos la información y creamos nuestras propias teorías.

6. No es suficiente entregar información a los participantes, hay que hacerlos pensar, actuar, diseñar, crear porque se aprende mucho más.

7. Estudiar no sólo significa estar sentado en una silla oyendo al otro, sino que hay que vivirlo y experimentarlo de formas diversas.

8. Movilizar y permitir mirar la realidad, especialmente la propia, de manera diferente. Ser alegre, permitiendo analizar situaciones de la vida personal que permitan comprender, interpretar, cuestionar diversas posturas y teorías.

9. La epistemología y la investigación no es algo ajeno a mi realidad, hace parte de mi vida y la influencia.

10. Haciendo se dejan los miedos al margen.

11. Cada quien puede construir su propia teoría del conocimiento en la medida en que incorpore el conocimiento viviéndolo, sintiéndolo y tomándose su tiempo.

12. No es sólo conocer el tema, hay que vivirlo y hacerlo vivir en carne propia.

13. Está surgiendo un nuevo paradigma investigativo: el paradigma del cuerpo que busca la máxima expresión del ser humano a través de la corporeidad.

14. Reconocer las debilidades, tener coraje para superarlos, luchar por tus sueños y vivir, vivir libre y espontáneo.

15. Salir de la zona de confort.

16. Mostrarte como sujeto, desentrañar los miedos, asumir la pregunta constante por la vida, descubrir que la investigación está dentro del sujeto (surge de él) no del objeto. A partir de allí se genera un diálogo con el objeto investigado.

17. La alegría se traduce en sonrisas, risas y carcajadas y éstas a su vez en creación de conocimiento.

18. Vivir alegremente mis estudios y proyectos.

19. Tiempo y vida son lo mismo.

Para ti, lector

¿Cuáles son los valores fundamentales que imprimes en tu vida?

¿Qué cosas son las que consideras más importantes en tu vida?

¿Qué echas de menos en el mundo actual?

Haz una reflexión escrita de los sueños que has dejado pasar a lo largo de tu vida y de qué manera puedes recuperarlos.

NOTAS

(AAVV, 2014; Aristizábal & Trigo, 2013; Gil da Costa, 2012; Rojas Quiceno, 2013a; Trigo, 2013a, 2013b; Trigo, 2014; Trigo, Bohórquez, & Rojas, 2013; Trigo, Gil da Costa, & Pazos, 2013).

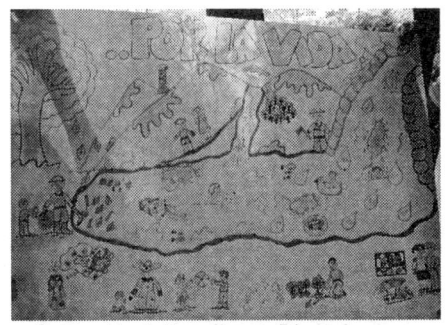

Ilustración 5: Estudiantes Licenciatura Educación Física, aula Recreación, Unicauca. (Colombia, 2008).

NO NOS MIRES, ÚNETE…
REFLEXIONA, COMPARTE
Y ACTÚA.
CREA O INTÉGRATE
A UN GRUPO
(virtual/presencial).
¡ES TIEMPO DE
ACTUAR!

VIEJO PARADIGMA

> *Como Dios, el capitalismo tiene la mejor opinión sobre sí mismo, y no duda de su propia eternidad.*
> Eduardo Galeano

¿Sabías que?...

a. Un paradigma se puede entender como, los descubrimientos científicos universalmente reconocidos que, durante cierto tiempo, proporcionan a un grupo de investigadores problemas tipo y soluciones.

b. Y también como el conjunto de las creencias, valores reconocidos y técnicos que son comunes a los miembros de un grupo dado.

Algunos ejemplos del paradigma actual – paradigma positivista (en el que todavía vivimos y causante de la crisis civilizatoria):

1. El paradigma de la simplicidad (o cartesiano) llevó a una escisión entre el hombre libre y consciente y la naturaleza determinista. Llevamos cuatrocientos años construyendo el mundo desde esta perspectiva.

2. Sólo sirve lo que es medible, cuantificable. Se asienta el "método científico" como único camino en la ciencia. Las matemáticas son la verdad.

3. Pensar es analizar, cuantificar, comparar. Se fija la famosa frase cartesiana: "pienso, luego existo".

4. Para poder entender un fenómeno hay que dividirlo en partes y analizar cada parte. Luego se unen las partes y se entiende el fenómeno.

5. Con el lenguaje matemático, se alcanza un punto donde los lazos con la realidad se presentan tan tenues que la relación entre

los símbolos y nuestra experiencia sensorial ya no se puede evidenciar.

6. La razón es la madre del conocimiento y de la ciencia. Razón y emoción; mente y espíritu no deben interceptarse.

7. El mundo es como un gran reloj de la antigua maquinaria de engranajes. Todo gira (en un solo sentido) y de manera determinada.

8. Pensamos de una manera y actuamos de otra.

9. Nos enseñan unos conocimientos y valores que luego no son aplicables a la Vida.

10. Seguimos yendo a la escuela y la Universidad a "escuchar" a cada profesor con "su" disciplina. En un mundo interrelacionado y globalizado, la enseñanza sigue siendo individualista y fraccionada.

11. Nos dicen que seamos libres en el pensamiento y la creación y luego nos exi-

gen cubrir formatos y seguir esquemas predeterminados.

12. Vamos al médico del estómago cuando nos duele el estómago, al de los huesos cuando nos duelen los huesos, al de la cabeza cuando perdemos la memoria y, ¿cuándo al médico general/integral que nos vea como seres humanos?

13. No caben los sentimientos, emociones, consciencia, intención, intuición en el mundo de la ciencia, el conocimiento y la política. Son cosas "banales" de la vida privada.

14. Este paradigma permitió el avance de la ciencia, la tecnología, los viajes a la luna, las vacunas, el aumento de la esperanza de vida (en los países occidentales).

15. Agua contaminada y aire enrarecido es el resultado del viejo modelo que no ha llegado a hacer lo suficiente para liberar la vida humana del sufrimiento, la pobreza, la injusticia y la guerra. De hecho, podría plantearse que muchos de estos problemas se han *agravado* por causa de un modelo mecá-

nico que ha dominado por largo tiempo nuestra manera de experimentar el mundo.

16. Desconocemos la mayoría de los avances que hizo la humanidad y por ello repetimos una y otra vez los mismos errores.

17. Oriente y Occidente; Norte y Sur. Mundos desconocidos obligados a vivir juntos. ¿Cuándo es el tiempo de aprender?

18. Vales por lo que tienes, no por lo que eres.

19. Desconfianza de todos contra todos. Así no hay manera de caminar en pro de otras posibilidades.

20. Competición, competencias. La cuestión es ganar a toda costa. No importa el otro-los otros-el mundo-la naturaleza.

21. Desarrollo, más desarrollo, más desarrollo hasta el fin, no hay límites para aumentar la riqueza material.

22. El capital prefiere morir que dar su brazo a torcer. Hay que mantener el sistema por encima de todo.

23. Nos hemos hecho súbditos, nos conformamos con migajas e ir a votar cada 3-4 años en unos comicios, previamente amañados por el poder económico. Y... dejamos hacer.

24. Permitimos que el poder se halle en manos de unos pocos y que sean ellos los que en últimas deciden.

25. Los países ricos en materias primas son los pobres en calidad de vida. La desgracia de la abundancia de los recursos naturales que sólo sirven para que "otros" los exploten sin que el beneficio revierta en sus pobladores. ¿Quiénes se benefician?: las grandes empresas a costa de la Vida del propio planeta y la Vida de las personas que habitan esos territorios.

26. La corrupción por el tener y el poder, es el resultado de este paradigma.

27. Vivimos en una división entre el pensamiento analítico, racional y la experiencia vivida en el día a día.

28. Se estudia con la mente, se danza con el cuerpo.

29. Este paradigma favoreció los valores y actitudes *yang*-masculinos en detrimento de los *yin*-femeninos (auto-afirmación en vez de integración; análisis en vez de síntesis; conocimiento racional en vez de sabiduría intuitiva; ciencia positiva en vez de ciencia afectiva; competición en vez de cooperación; expansión en vez de conservación).

30. Los resultados de las investigaciones en ciencia se han utilizado más para la guerra que para la Vida.

31. El paradigma cartesiano no sólo se aplicó a la ciencia y la investigación, sino que traspasó las fronteras y se insertó en la sociedad y su manera de estructurarse.

32. Mientras la física ha hecho el tránsito de la física de átomos (newtoniana) a la

física de ondas y partículas (relatividad), la sociedad sigue atomizada.

33. En la física newtoniana, se consideraba al tiempo y al espacio como entidades independientes. Ello muestra nuestra experiencia aparentemente lineal y secuencial del pasado, presente y futuro. Los físicos están destruyendo lentamente este mito y van desarrollando un enfoque del tiempo que se acerca más a la visión antiguamente mantenida por los místicos.

34. La percepción es una y única para todos los seres humanos. Es fija y se basa en la teoría que el observador y la realidad son independientes. Hay un "ahí fuera" que el observador debe descubrir y ese "ahí fuera" es igual para todos. El mundo es fijo e inmutable.

35. Las ciencias que estudian las "cosas humanas" (denominadas ciencias humanas o "no-ciencias") tienen un valor mucho menor que las ciencias que estudian las "cosas naturales" (denominadas ciencias naturales o, simplemente, "ciencias").

Para ti, lector

¿A qué te suena todo esto?

Escribe un cuento sobre un personaje que esté atrapado en este paradigma.

¿Cómo ves el futuro desde este prisma?

NOTAS
(Arntz, Chasse, & Vicente, 2006; Attali et al., 1980; L. Boff, 2004; Guadarrama, 2006; Kuhn, 1975; E. Morín, 2006; E. Morín & Hulot, 2008; Núñez Errázuriz, 2001).

Ilustración 6: Foto tomada en Brujas,
Bélgica. (Abril, 2015).

NO NOS MIRES, ÚNETE…
REFLEXIONA, COMPARTE
Y ACTÚA.
CREA O INTÉGRATE
A UN GRUPO
(virtual/presencial).
¡ES TIEMPO DE
ACTUAR!

¿HAY ALTERNATIVAS?

*La más larga caminata
comienza con un paso.*
Proverbio Hindú.

¿Sabías que?...

Sí hay alternativas a la crisis civilizatoria actual y depende, en gran parte, de cada uno de nosotros y de la voluntad política de todos los gobernantes de los países de la Tierra

Algunos ejemplos:

1. Informarse es sólo el primer paso.

2. El segundo es tomar consciencia de una determinada realidad, cómo está arbitrada, a quién afecta y cómo podemos enfrentarla.

3. Atreverse a estar informado por canales distintos a los habituales. ¡Sí existen! Vean bibliografía.

4. Buscar aliados, grupos, equipos, dentro y fuera de la localidad, utilizar las redes sociales.

5. Las alternativas no están en el mundo individual (excepto el estar informado y tomar consciencia). O lo hacemos conjuntamente o perdemos. La unión hace la fuerza.

6. Aprender a conjugar la tríada: yo-otro-cosmos de manera real y vivida. No es teoría es Vida.

7. Ser diferente no es un peligro, es el camino para modificar los hábitos "normales" del pensar y sentir.

8. Aprender a "analizar" las problemáticas pero esforzarse en las propuestas. Hay demasiado análisis en el mundo todo y muy pocas ideas constructivas-proyectivas.

9. Atreverse a movernos del lugar que siempre hemos ocupado (no dejarse llevar por la inercia). Desenvolver una mente libre y disponible para la creación (lo no existente y lo posible).

10. Los seres humanos, unidos en grupos y colectividades diversas, deberemos "forzar" y empujar al mundo político-capitalista a "cerrar" la puerta actual y dar paso a otras puertas que lleven a otros lugares de Vida de todos y para todos.

11. Apertura a otros mundos posibles sin fundamentalismos ni verdades. Los caminos no están diseñados, hay que inventarlos. ¿Queremos o preferimos auto-destruirnos? ¿El planeta nos seguirá dando el tiempo? No somos inmortales en la Tierra, podemos desaparecer al igual que lo hicieron los Dinosaurios y otras especies que no pudieron/supieron vivir con el ambiente.

12. Trabajar en conjunto porque todos somos necesarios en el diseño de nuevos mundos. Nadie es mejor que nadie por el hecho de estar entre "los de abajo" (como muchos autores gustan llamar a indígenas,

campesinos, pobres de la tierra…) o entre "los de arriba" (el mundo del capital). Necesitamos construir las ideas en colectivo porque desde esas diferencias, cualidades, valores, conocimientos es que podremos afrontar los graves y grandes desafíos que la humanidad tiene por delante.

13. Entender las diferencias, no sólo como una fortaleza, sino como una realidad humana. ¿Conocen alguna familia –de esas de gran número de hijos- que criados en el mismo ambiente, hayan salido iguales? Y ya no me refiero a la igualdad de pensar igual, sino a que unos se han esforzado, motivado, buscado vías de vida y buen vivir y otros se han quedado sosteniendo el ambiente de partida. A esas diferencias humanas-naturales me refiero y no a la igualdad de acceso a los derechos y posibilidades. ¡Controvertido tema!

14. La educación, por muy buena que sea, no es suficiente para este cambio civilizatorio. Hay que combinar educación con decisiones políticas, normativas y disciplina social.

15. Construyamos un modo de vida para que todos los seres vivos podamos vivir en nuestras "tribus" de manera digna, sin atropellarnos y querer llegar todos a los mismos lugares del Planeta, porque simplemente "no cabemos".

16. Y abramos nuestras artificiales fronteras (todavía herederas de la Segunda Guerra Mundial) para los "ciudadanos del mundo" con un único pasaporte: pasaporte de ciudadano del mundo. ¿Muy utópico?, ¿por qué?

17. Recuperar la capacidad de esfuerzo. Nada es gratuito, hay que trabajar para conseguirlo. Hablo del esfuerzo por ser mejor humano, mejor sociedad, mejor humanidad. ¡No se aprende en las redes sociales, sino en la cuna!

18. Impedir que los políticos (presidentes y demás cargos) se asienten en el poder y cambien constituciones para lograrlo. El poder corrompe, no lo toleremos.

19. Si amamos la Vida, debemos amar la Tierra. Aprender a "sentir" la vida-tierra y

no solamente la vida-animal. Dejar de tanta ciudad-consumo y acercarse a más naturaleza-paseo.

20. Desprendernos de las cosas materiales no tan necesarias para recuperar tiempo de vida compartida, calmada y placentera. ¿Celulares, computadores, televisión, teatro en casa de última generación y en cada cuarto de la casa?

21. Disminuir el tiempo de conexión a internet para aumentar el tiempo de conexión humana (conmigo mismo y con los demás).

22. Aprender a estar conectado con uno mismo, los otros, el ambiente, la Tierra, el Universo; sin fundamentalismos, iglesias y sectas que manipulen las mentes.

23. Se aprende viviendo (uniendo lo que ha sido separado). Sentidos, razón, mente, espíritu, magia, mito; es nuestro ser-en-el-mundo.

24. Denunciar y no callar. Somos responsables de lo que decimos y de lo que si-

lenciamos (otorgamos). Hablar claro y de frente no está reñido con el respeto.

25. No tener miedo a los cambios, las rupturas para afrontar nuevos caminos, ideas, valores, proyectos. ¡Sí es posible!

26. Limpia tu ambiente periódicamente. Casa, escritorio pero también de personas que no te hacen bien. Libérate de cargas inútiles que dañan tu espalda.

27. Eres un ser político por naturaleza y cultura. Hacer política no es ir a votar cada cierto tiempo. Es participar, proponer, gestionar y hacer.

28. No esperes que todo te lo den hecho. Busca tus alternativas y reclama tus derechos con responsabilidad.

29. Participa activamente (presencial y virtualmente) de todos los movimientos que existan en el mundo que estén trabajando seriamente por la construcción de otros mundos mejores para todos los seres vivos. Un ejemplo a nivel global es Avaaz: https://avaaz.org/es/.

30. Vive bajo el "principio esperanza" si quieres pensar que otros mundos son posibles. No decaigas ante dificultades.

31. Trabaja durante esta crisis para tener algo que hacer y decir después de la crisis.

32. Ve la/s crisis como posibilidades y no como problemas irresolubles. Es la alegría de la vida.

33. La salida a la crisis no la conocemos, de otra manera ya hubiéramos salido de ella. Tenemos atisbos, ideas, iniciativas, pero no sabemos cuándo ni cómo se hará realidad otro sistema. Por eso todos debemos trabajar unidos y con esa mira. No nos perdamos en "cosas pequeñas" que desenfoquen el rumbo.

34. ¿Por qué nos llama tanto la atención Pepe Mujica, expresidente de Uruguay?, ¿no debería ser la norma de comportamiento y ejemplo de todos los presidentes y dirigentes de los 194 países reconocidos hasta el 2016?

35. Un importante ejemplo: en este año 2016 están aumentando la cantidad de coches eléctricos que vemos circular en las calles de las ciudades europeas y ¡ya hay baterías con más de 600 km de autonomía!

36. Francia, por ejemplo, impulsó en el 2015 un bono para las personas que decidan ir en bicicleta al trabajo.

37. El Alcalde de Estocolmo (Suecia) decidió dejar libre su lugar en la disputa de los Juegos Olímpicos de Invierno de 2022 y anunciaba que el dinero que se tenía pensado para organizar el evento se destinara a la construcción de viviendas sociales de calidad y así garantizar un derecho básico a la ciudadanía.

38. El ejemplo del pueblo Ukraniano en 2012-2013, en su lucha para derrocar al Presidente Yanokóvich que les engañó e impedía la ciudadanía europea, debería ser suficiente para mostrarnos cómo con el valor, coraje, unión y resistencia de todos, podemos ser libres y dignos. Vea la película "Invierno de fuego" (Winter on Fire) dirigida por Evgeny Afineevsky, para entender el

proceso vivido, los problemas que tuvieron que enfrentar y el resultado final.

39. ¡Comienza por alimentarte adecuadamente! Cambia tus hábitos de comida rápida por alimentos más naturales, bien condimentados y balanceados. Una buena salud contribuye a una mejor Vida.

Para ti, lector

¿Cuáles son las alternativas que tú propones? No palabras sino actos.

¿Qué has hecho y con quién en pro de mejorar/cambiar las cosas?

¿En qué sueles emplear tu tiempo libre?

¿Puedes nombrar a personajes del mundo actual que estén mostrando y viviendo otros caminos?

Construye y fortalece redes sociales que unidos contribuyan a tumbar gobiernos corruptos y antiéticos.

?

NOTAS
(A. Acosta & Martínez, 2009; Botero Uribe, 1994, 2000; Bukland & Murillo, 2013; N. Chomsky, 2002; Noam Chomsky, 2014; Danza & Tulbovitz, 2015; Lang & Mokrani, 2011; Edgar Morín, 2011; Navarro, López, & Garzón Espinosa, 2011).

Ilustración 7: Foto tomada en una calle de Basel, Suiza. (Abril 2015).

NO NOS MIRES, ÚNETE…
REFLEXIONA, COMPARTE
Y ACTÚA.
CREA O INTÉGRATE
A UN GRUPO
(virtual/presencial).
¡ES TIEMPO DE
ACTUAR!

NUEVO PARADIGMA

¡Sonamos muchachos! ¡Resulta que si uno no se apura a cambiar el mundo, después es el mundo el que lo cambia a uno!
Mafalda

¿Sabías que?...

a. Un paradigma deja de existir cuando hay nuevas preguntas en el mundo para las cuales no hay respuestas desde el paradigma actual. Cuando el mundo avanza por otros derroteros que no son explicables por los caminos abiertos.

b. El nuevo paradigma que se va abriendo camino, rompe con todo tipo de dualismos que tenemos incorporados en cada uno de nosotros, en la sociedad y en la manera de relacionarnos con el otro, los otros, el ambiente, el planeta Tierra y el Universo.

Algunos ejemplos que te permitirán entender tus-nuestras contradicciones entre lo que pensamos-decimos-hacemos y que precisan cambios en nuestra forma de pensar y vivir.

1. Se acaban los dualismos y la manera de construir el mundo dual y por contrarios: blanco-negro; mente-espíritu; cuerpo-mente; dentro-fuera; arriba-abajo; naturaleza-cultura; ciencias naturales/exactas-ciencias sociales/humanas. Todo está interrelacionado.

2. El ser humano no es el centro del Universo. Es la Vida en todas sus dimensiones.

3. El Universo está en expansión de la misma manera que nuestro ser interior en la medida que conocemos y vivenciamos. Es como un resorte, tanto hacia dentro como hacia fuera.

4. El mundo no está predeterminado, es incierto y complejo y no tiene verdades ni respuestas únicas.

5. La ciencia no es la búsqueda de la verdad sino del conocimiento.

6. La Vida no es cuantificable, sólo se puede vivir cualitativamente.

7. Necesidad de introducir la consciencia en todo conocimiento e investigación.

8. La estructura del universo debe expandirse más allá de lo que actualmente es, para permitirle el ingreso a la consciencia. Corporeizar los nuevos descubrimientos científicos del Universo para comprender que somos parte del mismo y no entes aislados.

9. Después de la búsqueda de lo material "queda un vacío", lo que indica que la suposición materialista de la vida es incorrecta.

10. El universo es un ser viviente (Gaia), del cual nosotros y nuestros pensamientos, y

los planetas y todas las partículas subatómicas formamos parte, la necesidad de una nueva visión del mundo producirá por sí mismo este cambio.

11. En los diálogos entre científicos occidentales y sabios orientales, se comienza a comprender los caminos diversos que las distintas culturas han seguido para llegar a mismas comprensiones. Occidente mediante la investigación y Oriente a través de la meditación holística.

12. La meditación oriental y la intuición de muchos científicos occidentales, por fin se encuentran.

13. El nuevo paradigma implica una nueva espiritualidad que es personal y va más allá de las prácticas religiosas.

14. La mayoría de nuestras creencias ordinarias son pura ilusión. No hay una estricta distinción entre realidad objetiva y subjetiva; la consciencia y percepción juegan un misterioso papel en la comprensión de la realidad del mundo físico.

15. La separación entre sujeto que conoce y objeto a conocer, es una entelequia. El observador altera lo observado, el pensador altera el pensamiento. Somos seres interconectados.

16. Somos participantes con el universo, no observadores del universo.

17. Es la emoción, y no la razón, la que guía nuestro hacer humano.

18. No toda la realidad se puede atrapar por el lenguaje alfabético (oral o escrito). Muchos fenómenos son sólo detectables a través de la intuición.

19. En las conversaciones entre físicos y místicos, se dan cuenta que cada vez es más difícil tomar consciencia de los límites del conocimiento.

20. El tiempo y el espacio no son entidades separadas, forman un continuum o son aspectos diferentes del mismo "algo" fundamental.

21. Algunas imágenes se repiten y reproducen en cualquier época o en cualquier parte del mundo (en culturas sin que hayan tenido contacto entre ellas), son los "arquetipos" de Jung. Imágenes comunes que pueden encontrarse en fuentes dispares desde los sueños a los antiguos mitos, visiones religiosas y cuentos de hadas.

22. Hay muchos conceptos paralelos entre las antiguas filosofías orientales y las nacientes filosofías occidentales; entre la ciencia occidental, el misticismo tradicional oriental y las cosmovisiones de los antiguos pueblos indígenas. ¡Qué pena haber perdido tanto conocimiento y sabiduría acumulada por la necedad de unos y otros en mantener "lo suyo" como la única verdad!

23. No hay ninguna realidad "ahí afuera". La percepción del mundo se aprende. La capacidad de percibir es innata, pero aprendemos a "qué" percibir. La mente humana no percibe lo que está "ahí", sino lo que cree que debería estar ahí. El cerebro percibe lo que quiere percibir. No nacemos al mundo. Nacemos a "algo que convertimos en el mundo".

24. En la vida cotidiana la ilusión de una realidad única es el resultado de la interferencia constructiva de todas las realidades posibles. Permitimos que nuestras percepciones sean gobernadas por el consenso y el consenso determina la fantasmagoría que elegimos como "única" realidad arbitraria.

25. El universo abarca todas las posibilidades porque la consciencia puede concebir todas las posibilidades.

26. Cuando dejamos las religiones oficiales (escuchar a otros) y nos centramos en nuestra propia espiritualidad (escucharnos a nosotros mismos), los aspectos básicos de este nuevo paradigma, son fácilmente asumibles.

27. Ya no percibimos ninguna incongruencia entre lo que pensamos, sentimos, soñamos, imaginamos y por fin somos libres y responsables para construir diversos mundos.

28. Ya no hay "culpas" o "pecados" que pagar (ni propios ni a un ser superior). Todos estamos interconectados y de nosotros

depende el bien y el mal, lo bonito y lo feo, como aspectos básicos de la creación humana.

29. Hemos descubierto que muchas cosas que sentíamos como realidades básicas de la naturaleza son ficciones sociales, floraciones de nuestras formas tradicionales de pensar sobre el mundo, corrientes y aceptadas.

30. Toda disciplina científica para el estudio de los organismos vivientes –bacteriología, botánica, zoología, biología, antropología- deben desarrollar una ecología, literalmente "la lógica de la vivienda", o el estudio de las relaciones organismo-medio ambiente. El descuido de la ecología es la más seria debilidad de la tecnología moderna, y va de la mano con nuestra resistencia a participar como miembros de la vasta comunidad de las especies vivientes.

Para ti, lector

Si tuvieras todo el oro del mundo, ¿qué harías?

A partir de lo leído, ¿puedes identificar algunas contradicciones en tu propia vida?

¿Qué piensas de la responsabilidad de cada uno de nosotros en el cambio de paradigma?

¿En qué crees que estamos atrapados mentalmente los seres humanos planetarios?

NOTAS

(A. Acosta & Martínez, 2014; Bautista, 2008; Bohm & Peat, 1988; Fritjov Capra, 2002; Goleman, 1997; Herrera Ospina & Insuasty, 2015; H. Maturana & Varela, 1998; H. R. Maturana, 1995; Najmanovich, 2010; Núñez Errázuriz, 2001; F. Sánchez, 2004; Sérgio, 2005; Talbot, 2006; Trigo, 2000; Varela, 1999, 2000a; Watzlawick, 2000; Wilber, 2004, 2008; H. Zemelman, 2006)

Ilustración 8: Foto tomada en aeropuerto de
Brasilia, Brasil. Abril, 2009.
Mandala de la Vida.

NO NOS MIRES, ÚNETE…
REFLEXIONA, COMPARTE
Y ACTÚA.
CREA O INTÉGRATE
A UN GRUPO
(virtual/presencial).
¡ES TIEMPO DE
ACTUAR!

PARADIGMA VIDA

La paz más desventajosa es mejor que la guerra más justa.
Erasmo De Rótterdam

¿Sabías que?...

Necesitamos un nuevo paradigma de Vida para la Vida y no solamente un paradigma teórico que indique caminos por muy complejos e interactivos que se construyan.

Algunos principios que podrían colaborar en construir este paradigma y que fueron mostrándose en libros anteriores, con estudiantes y colegas de ámbitos diversos:

1. La información y toma de consciencia no son suficientes para modificar nuestros hábitos personales, sociales, colectivos,

políticos, culturales que nos tienen atrapados en el sistema capitalista, fundamentalista, antiético y corrupto.

¡!!ACTÚA, ACTUEMOS YA!!!

2. Necesitamos un paradigma vivo, vivencial, inquisidor y propositivo desde las tripas (corporeidad) que nos "mueva" de los lugares de estabilidad en que nos hemos afincado.

3. Solamente vivenciando (sintiendo, pensando, tocando, soñando, imaginando, pintando, danzando, contando, jugando, escribiendo) es que podremos ir hacia otros mundos.

¡!!ACTÚA, ACTUEMOS YA!!!

4. Trabajamos desde y con la/s vivencia/s: solamente saboreando, vivenciando, emocionándonos, enfrentando y resolviendo problemas, cuestionándolos, encarnando el conocimiento es que podemos "tomar consciencia".

5. No se toma consciencia desde la razón (solamente), sino y fundamentalmente desde la emoción, desde nuestra corporeidad, desde nuestra mente encarnada.

¡!!ACTÚA, ACTUEMOS YA!!!

6. La Vida, la evolución es una espiral "resorte", es decir, se puede evolucionar porque el Universo se expande a medida que el ser humano se introyecta. Esa es la consciencia. Tanto hacia dentro, como tanto hacia afuera.

7. No hay categorías de partida, si caemos en ellas, en ellas nos quedamos. Para crear diferente, hay que partir de lugares diferentes.

¡!!ACTÚA-ACTUEMOS YA!!!

8. ¿Ciencia, filosofía, arte, educación, política, etc? No interesa nombrar, hay que construir nuevo por otros caminos. ¡Es el nuevo paradigma!, del que muchos hablan, pero a poco que se escarbe, casi nadie se atreve a "vivirlo"! El miedo a "no encajar",

sigue presente. Y precisamente lo nuevo aparece cuando "no encaja" en lo existente.

9. Mirar adentro y desde dentro para comprender afuera y viceversa. A veces, centrarse en exceso en las lecturas, nos impide la propia creación y construcción de otras propuestas.

¡!!ACTÚA, ACTUEMOS YA!!!

10. No querer llegar a todo el mundo ni que todos entiendan lo que hacemos y decimos. Irán llegando los que tengan que llegar. No hay verdades. Quedarnos en las incertezas y preguntas.

11. Recuperar la vida simple, no necesitamos tantos objetos materiales a nuestro alrededor.

¡!!ACTÚA, ACTUEMOS YA!!!

12. Vivir más en contacto con la Tierra para poder comprender los gritos de la Tierra.

13. El trabajo en las aulas no es suficiente, somos seres políticos; debemos involucrarnos e involucrar a la clase política para tomar decisiones.

¡!!ACTÚA, ACTUEMOS YA!!!

14. El eje de este paradigma es la VIDA, NO el dinero, NO el poder, NO la religión, NO la verdad.

15. El trayecto es de todos y con todos e implica un cambio de mentalidad y manera de estar en el mundo.

16. No es ni fácil ni difícil, es el único camino que nos queda si queremos seguir vivos.

¡!!ACTÚA, ACTUEMOS YA!!!

17. Menos prisa por hacer y más prisa por Vivir.

18. Nunca dejes de atender tus sueños, la vida es única y no es eterna. No esperes al final de tus días para darte cuenta.

19. El trabajo es el medio, no el fin y centro de la Vida.

¡!!ACTÚA, ACTUEMOS YA!!!

20. Empresarios, líderes de organizaciones e instituciones del mundo todo: ¿Por qué no trabajamos con y para la felicidad compartida en nuestros espacios?, ¿saben que hay ya muchas experiencias en que se han dado cuenta que no solamente es posible, sino agradable y rentable?

21. Las redes sociales. Es una creación humana que, al margen del mal uso personal que le damos en su mayoría, es una herramienta que puede hacer y de hecho está gestando, formas diversas de hacer llegar la información a todos los puntos del planeta y a través de ello, movilizarnos. Cuando participamos con nuestras firmas en una campaña para solucionar un problema o injusticia; pero también cuando nosotros somos los propios iniciadores de un tema. No nos quedemos callados, somos también responsables de nuestro silencio.

¡!!ACTÚA, ACTUEMOS YA!!!

22. Somos *Eros* y *Tanatos*, ángeles y demonios y debemos aprender a vivir con ello, "controlando" a Tanatos y fluyendo con Eros.

23. Seres humanos individuales y egoístas por naturaleza (lo que nos permite la sobrevivencia personal) pero necesitamos culturizarnos y educarnos para vivir en comunidades cooperativamente (lo que nos permite la sobrevivencia como especie).

24. El propósito fundamental de la Vida es la Felicidad, no de ahora sino de siempre. Pero no una felicidad centrada en lo material, sino una felicidad interior y compartida por lo que somos y queremos ser.

¡!!ACTÚA, ACTUEMOS YA!!!

25. Toda la Vida es un aprendizaje y por ello un continuo cuestionar y cuestionarse, resolver problemas de diversa índole. Nada aparece de la nada.

26. La primera educación se recibe en la casa, el hogar y aquí nada ha variado en la

historia, excepto en el sistema actual que olvidamos muchas de nuestras responsabilidades básicas en función de otras secundarias.

¡!!ACTÚA, ACTUEMOS YA!!!

27. Una nueva educación, no disciplinar, no fragmentada, no de respuestas. Una educación centrada en las preguntas fundamentales de la Vida para dar respuestas creativas a las problemáticas diversas del mundo del siglo XXI.

28. Sin fundamentalismos ni "salvadores" de la patria de ningún tipo. ¡Cuidado con los gurús!, que siempre aparecen cuando hay crisis y se buscan nuevos caminos.

29. Construcción del nuevo paradigma a partir de todo lo que la humanidad ha creado a lo largo de su historia, bajo un único principio: la preservación de la Vida en todas sus manifestaciones.

¡!!ACTÚA, ACTUEMOS YA!!!

30. Los dos paradigmas (viejo y nuevo) no son excluyentes, habrá que aprender y rescatar lo mejor de cada uno de ellos, para lo que ahora queremos crear.

31. No hay "culturas propias" si van en contra de la Vida y Dignidad de todos los seres vivos. Ese es el "diálogo de saberes y culturas" que debe prevalecer.

32. Buscar/inventar estrategias diversas que lleven a acuerdos básicos/mínimos (y no máximos como hasta ahora) para una convivencia de Vida y para la Vida. Aquí se puede decir que "sí, vale todo", excepto la destrucción de la vida.

33. Todas las manifestaciones de la Vida significa que, la Tierra y todos sus habitantes (minerales, vegetales, animales, agua, aire) son Vida y por tanto inexplotables, inexpugnables. ¡Existen las energías limpias, ya es la hora!

¡!!ACTÚA, ACTUEMOS YA!!!

34. El paradigma Vida, no lo construyen "los de arriba" ni "los de abajo", los

empresarios ni los empleados, los políticos ni los ciudadanos, los científicos ni los profesores, los blancos ni los negros, los indígenas/campesinos ni los urbanitas. O lo construimos todos y entre todos o… adiós Vida Planetaria.

¡!!ACTÚA, ACTUEMOS YA!!!

35. Han hecho más por la Vida y su conservación algunos de los pueblos antiguos que creían en sus diversos dioses naturales, que muchos de los pueblos modernos con sus creencias en un único Dios (llámese Buda, Alá, Cristo, Dinero, Poder, Placer, etc.).

36. No tener miedo a romper estructuras mentales, categorías establecidas, verdades omnipresentes. La historia se construye y los seres humanos tenemos todas las herramientas en la mano para emprender otros rumbos.

37. Atrevernos a inventar nuevas preguntas que nos abran la mente hacia otras posibilidades. Esa es la gran ciencia-arte-filosofía-política-economía del futuro.

38. El lenguaje es dualístico porque todas las palabras son etiquetadas para clasificar cosas en clases mutuamente excluyentes. De ahí la importancia de aprender y utilizar los otros lenguajes más metafóricos (música, danza, pintura, cine) para comprender y construir otras realidades.

¡!!ACTÚA, ACTUEMOS YA!!!

39. Juego y trabajo no son dos categorías excluyentes. Convertir el trabajo en juego es otro gran desafío. Para ello habrá que aprender a "jugar por jugar" (sin ningún propósito fuera del juego en sí mismo) y hacer del trabajo una forma creativa de divertirse construyendo nuevos pilares para una sociedad nueva.

40. Ética y estética es la experiencia originaria en el ser humano, no sólo en el arte, sino también en el orden cognoscitivo, práctico y social. ¡Palabras del gran Vico en *Sciencia nova*!

41. Principios básicos que espero, algún día, tener el conocimiento, la calma, la ener-

gía y el coraje para desarrollar en un próximo libro junto con todos ustedes.

¡ACTÚA, ACTUEMOS YA!

42. Construyamos un mundo donde quepamos todos.

43. Al final hay una única cosa cierta: ¿queremos construir un mundo en dónde la Vida sea su razón de ser y existir? No es una respuesta sencilla, no te apresures a responderla… ¡Es un cambio paradigmático total que afecta a todos los órdenes de la vida y la manera como vivimos ahora! Y además… ¡nos afecta a todos y, por tanto, todos estamos implicados! Aquí no hay excusas…

Para ti, lector

De acuerdo con todo lo anterior, construyamos desde la divergencia y los mundos propios, el nuevo Paradigma Vida.

Participa del proyecto del próximo libro. ¡ACTÚA-ACTUEMOS YA!

Forma parte de un grupo de investigación multidiverso en encuentros virtuales y presenciales, y sé parte activa del cambio paradigmático. Y lo que logren, divúlgalo, no lo calles. Guardado no le sirve a nadie.

ACTÚA, ACTUEMOS YA!

Estamos acostumbrados a lamentarnos, no te quejes, actúa. Busca/inventa diversos caminos para proponer ideas y actuar.

Anótate al foro del Instituto Internacional del Saber Kon-traste: https://www.facebook.com/iisaber y ponte en contacto con nosotros en: **ii.saber6@gmail.com**

¡ACTÚA,ACTUEMOS YA!

Te esperamos.

NOTAS

(AAVV, 2015a; Acosta et al., 2009; Álvarez, 2013; Fritjov Capra, 2007; Fresneda, 2013; Fuster & Rojas Marcos, 2010; Giono, 2004; Lovelock, 2006; Quelart, 2016; Ramoneda, 2001; Rojas Quiceno, 2011, 2013b, 2014; Trigo et al., 2009; Watts, 1972; Wilber, 2004).

Ilustración 9: Foto tomada en Vereda Julumito, Popayán, Cauca, Colombia. (Noviembre, 2007).

NO NOS MIRES, ÚNETE…
REFLEXIONA, COMPARTE
Y ACTÚA.
CREA O INTÉGRATE
A UN GRUPO
(virtual/presencial).
¡ES TIEMPO DE
ACTUAR!

Y... PARA TERMINAR, UN PAR DE LECTURAS

Mientras escribo, llega a mis manos el *Le Monde Diplomatique* del primer mes del año 2016 (en este caso febrero, nº 152). Y no puedo dejar de referenciar dos artículos que confirman muchas de las ideas que aquí fuimos entretejiendo. Creo que estos dos documentos merecen cerrar este texto.

1. Una síntesis que Carlos Gutiérrez hace al final de su artículo "Año 2016: continúan las crisis y la disputa geopolítica":

"Año caluroso. El de 2015 se registra como el más cálido desde que contamos con mediciones fiables sobre el fenómeno, en una prueba incontestable de que nos acercamos al filo de un abismo sin retorno. Paradójicamente, los bajos precios del petróleo, inducidos como herramienta para reactivar la economía, van a desacelerar más aún la aplicación de energías alternativas, dándole pocas oportunidades a la disminución de los gases de efecto invernadero. El consumo excesivo de unos pocos y la

guía exclusiva de la sociedad bajo la égida de la ganancia amenazan ciertamente la vida como la conocemos.

Deflación, altísima concentración del ingreso, guerra locales de impacto mundial, calentamiento global y escasez de materias básicas para la supervivencia —como el agua- son factores que nunca habían convergido en el tiempo, razón de más para preocuparnos seriamente, desdeñar las críticas de quienes ante tales hechos aún hablan de no hacer caso a los catastrofistas, e iniciar procesos organizativos que nos conduzcan a un verdadero cambio en la matriz cultural.

Año 2016, tiempo-espacio en que la explosión geopolítica continuará su curso. El unilateralismo se desploma pero la multipolaridad todavía no afina todos sus matices. Las resistencias sociales continúan su curso, pero la decisión de los poderes globales y locales es la de neutralizarlas en tiempo real o tomando la iniciativa antes que afloren con fuerza sus inconformidades. Los desafíos para los movimientos sociales son enormes pero las razones de la lucha por un mundo distinto nunca estuvieron tan justificadas como ahora, pues de lo que tratamos es de la supervivencia no sólo de la especie humana sino también de millones de criaturas con las que compartimos la vida en el planeta".

NO NOS MIRES, ÚNETE…
REFLEXIONA, COMPARTE
Y ACTÚA.
CREA O INTÉGRATE
A UN GRUPO
(virtual/presencial).
¡ES TIEMPO DE
ACTUAR!

2. "Google lo sabe todo de ti", artículo de Ignacio Ramonet, ¿recuerdan al autor?

En nuestra vida cotidiana dejamos constantemente rastros que entregan nuestra identidad, dejan ver nuestras relaciones, reconstruyen nuestros desplazamientos, identifican nuestras ideas, desvelan nuestros gustos, nuestras elecciones y nuestras pasiones; incluso las más secretas. A lo largo del planeta, múltiples redes de control masivo no paran de vigilarnos. En todas partes, alguien nos observa a través de nuevas cerraduras digitales. El desarrollo del Internet de las cosas (Internet of Things) y la proliferación de objetos conectados (1) multiplican la cantidad de chivatos de todo tipo que nos cercan. En Estados Unidos, por ejemplo, la empresa de electrónica Vizio, instalada en Irvine (California), principal fabricante de televisores inteligentes conectados a Internet, ha revelado recientemente que sus televisores espiaban a los usuarios por medio de tecnologías incorporadas en el aparato.

Los televisores graban todo lo que los espectadores consumen en materia de programas audiovisuales, tanto programas de cadenas por cable como contenidos en DVD, paquetes de acceso a Internet o consolas de videojuegos… Por lo tanto, Vizio puede saberlo todo sobre las selecciones que sus clientes prefieren en materia de ocio audiovisual. Y, consecuentemente, puede vender esta información a empresas publicitarias que, gracias al análisis de los datos acopiados, conocerán con precisión los gustos de los usuarios y estarán en mejor situación para tenerlos en el punto de mira (2).

Esta no es, en sí misma, una estrategia diferente de la que, por ejemplo, Facebook y Google utilizan habitualmente para conocer a los internautas y ofrecerles publicidad adaptada a sus supuestos gustos. Recordemos que, en la novela de Orwell 1984, los televisores —obligatorios en cada domicilio–, "ven" a través de la pantalla lo que hace la gente ("¡Ahora podemos veros!"). Y la pregunta que plantea hoy la existencia de aparatos tipo Vizio es saber si estamos dispuestos a aceptar que nuestro televisor nos espíe.

A juzgar por la denuncia interpuesta, en agosto de 2015, por el diputado californiano Mike Gatto contra la empresa surcoreana Samsung, parece que no. La empresa fue acusada de equipar sus nuevos televisores también con un micrófono oculto capaz de grabar las conversaciones de los telespectadores, sin que éstos lo supieran, y de transmitirlas a terceros (3)... Mike Gatto, que preside la Comisión de protección del consumidor y de la vida privada en el Congreso de California, presentó incluso una propuesta de ley para prohibir que los televisores pudieran espiar a la gente.

Por el contrario, Jim Dempsey, director del centro Derecho y Tecnologías, de la Universidad de California, en Berkeley, piensa que los televisores-chivatos van a proliferar: "La tecnología permitirá analizar los comportamientos de la gente. Y esto no sólo interesará a los anunciantes. También podría permitir la realización de evaluaciones psicológicas o culturales, que, por ejemplo, interesarán también a las compañías de seguros". Sobre todo teniendo en cuenta que las empresas de recursos hu-

manos y de trabajo temporal ya utilizan sistemas de análisis de voz para establecer un diagnóstico psicológico inmediato de las personas que les llaman por teléfono en busca de empleo...

Repartidos un poco por todas partes, los detectores de nuestros actos y gestos abundan a nuestro alrededor, incluso, como acabamos de ver, en nuestro televisor: sensores que registran la velocidad de nuestros desplazamientos o de nuestros itinerarios; tecnologías de reconocimiento facial que memorizan la impronta de nuestro rostro y crean, sin que lo sepamos, bases de datos biométricos de cada uno de nosotros... Por no hablar de los nuevos chips de identificación por radiofrecuencia (RFID) (4), que descubren automáticamente nuestro perfil de consumidor, como hacen ya las "tarjetas de fidelidad" que generosamente ofrece la mayoría de los grandes supermercados (Carrefour, Alcampo, Eroski) y las grandes marcas (FNAC, el Corte Inglés).

Ya no estamos solos frente a la pantalla de nuestro ordenador. ¿Quién ignora a estas alturas que son examinados y filtrados los mensajes electrónicos, las consultas en la Red, los intercambios en las redes sociales? Cada clic, cada uso del teléfono, cada utilización de la tarjeta de crédito y cada navegación en Internet suministra excelentes informaciones sobre cada uno de nosotros, que se apresura a analizar un imperio en la sombra al servicio de corporaciones comerciales, de empresas publicitarias, de entidades financieras, de partidos políticos o de autoridades gubernamentales.

El necesario equilibrio entre libertad y seguridad

*corre, por tanto, el peligro de romperse. En la película de
Michael Radford, 1984, basada en la novela de George
Orwell, el presidente supremo, llamado Big Brother, define así su doctrina: "La guerra no tiene por objetivo ser
ganada, su objetivo es continuar"; y: "La guerra la hacen los dirigentes contra sus propios ciudadanos, y tiene
por objeto mantener intacta la estructura misma de la sociedad"* (5). *Dos principios que, extrañamente, están
hoy a la orden del día en nuestras sociedades contemporáneas. Con el pretexto de tratar de proteger al conjunto
de la sociedad, las autoridades ven en cada ciudadano a
un potencial delincuente. La guerra permanente (y necesaria) contra el terrorismo les proporciona una coartada
moral impecable y favorece la acumulación de un impresionante arsenal de leyes para proceder al control social
integral.*

*Y más teniendo en cuenta que la crisis económica
aviva el descontento social que, aquí o allí, podría adoptar la forma de motines ciudadanos, levantamientos campesinos o revueltas en los suburbios. Más sofisticadas
que las porras y las mangueras de las fuerzas del orden,
las nuevas armas de vigilancia permiten identificar mejor
a los líderes y ponerlos fuera de juego anticipadamente.*

*"Habrá menos intimidad, menos respeto a la
vida privada, pero más seguridad", nos dicen las autoridades. En nombre de ese imperativo se instala así, a
hurtadillas, un régimen de seguridad al que podemos calificar de "sociedad de control". En la actualidad, el
principio del "panóptico" se aplica a toda la sociedad.
En su libro* Vigilar y castigar. Nacimiento de la pri-

sión, el filósofo Michel Foucault explica cómo el "Panóptico" ("el ojo que todo lo ve") (6) es un dispositivo arquitectónico que crea una "sensación de omnisciencia invisible" y que permite a los guardianes ver sin ser vistos dentro del recinto de una prisión. Los detenidos, expuestos permanentemente a la mirada oculta de los "vigilantes", viven con el temor de ser pillados en falta. Lo cual les lleva a autodisciplinarse... De esto podemos deducir que el principio organizador de una sociedad disciplinaria es el siguiente: bajo la presión de una vigilancia ininterrumpida, la gente acaba por modificar su comportamiento. Como afirma Glenn Greenwald: "Las experiencias históricas demuestran que la simple existencia de un sistema de vigilancia a gran escala, sea cual sea la manera en que se utilice, es suficiente por sí misma para reprimir a los disidentes. Una sociedad consciente de estar permanentemente vigilada se vuelve enseguida dócil y timorata" (7).

Hoy en día, el sistema panóptico se ha reforzado con una particularidad nueva con relación a las anteriores sociedades de control que confinaban a las personas consideradas antisociales, marginales, rebeldes o enemigas en lugares de privación de libertad cerrados: prisiones, penales, reformatorios, manicomios, asilos, campos de concentración... Sin embargo, nuestras sociedades de control contemporáneas dejan en aparente libertad a los sospechosos (o sea, a todos los ciudadanos), aunque los mantienen bajo vigilancia electrónica permanente. La contención digital ha sucedido a la contención física.

A veces, esta vigilancia constante también se lle-

va a cabo con ayuda de chivatos tecnológicos que la gente adquiere libremente: ordenadores, teléfonos móviles, tabletas, abonos de transporte, tarjetas bancarias inteligentes, tarjetas comerciales de fidelidad, localizadores GPS, etc. Por ejemplo, el portal Yahoo!, que consultan regular y voluntariamente unos 800 millones de personas, captura una media de 2.500 rutinas al mes de cada uno de sus usuarios. En cuanto a Google, cuyo número de usuarios sobrepasa los mil millones, dispone de un impresionante número de sensores para espiar el comportamiento de cada usuario (8): el motor Google Search, por ejemplo, le permite saber dónde se encuentra el internauta, lo que busca y en qué momento. El navegador Google Chrome, un megachivato, envía directamente a Alphabet (la empresa matriz de Google) todo lo que hace el usuario en materia de navegación. Google Analytics elabora estadísticas muy precisas de las consultas de los internautas en la Red. Google Plus recoge información complementaria y la mezcla. Gmail analiza la correspondencia intercambiada, lo cual revela mucho sobre el emisor y sus contactos. El servicio DNS (Domain Name System, o Sistema de nombres de dominio) de Google analiza los sitios visitados. YouTube, el servicio de vídeos más visitado del mundo, que pertenece también a Google –y, por tanto, a Alphabet–, registra todo lo que hacemos en él. Google Maps identifica el lugar en el que nos encontramos, adónde vamos, cuándo y por qué itinerario... AdWords sabe lo que queremos vender o promocionar. Y desde el momento en que encendemos un smartphone con Android, Google sabe inmediatamente dónde esta-

mos y qué estamos haciendo. Nadie nos obliga a recurrir a Google, pero cuando lo hacemos, Google lo sabe todo de nosotros. Y, según Julian Assange, inmediatamente informa de ello a las autoridades estadounidenses...

En otras ocasiones, los que espían y rastrean nuestros movimientos son sistemas disimulados o camuflados, semejantes a los radares de carretera, los drones o las cámaras de vigilancia (llamadas también de "videoprotección"). Este tipo de cámaras ha proliferado tanto que, por ejemplo, en el Reino Unido, donde hay más de cuatro millones de ellas (una por cada quince habitantes), un peatón puede ser filmado en Londres hasta 300 veces cada día. Y las cámaras de última generación, como la Gigapan, de altísima definición –más de mil millones de píxeles–, permiten obtener, con una sola fotografía y mediante un vertiginoso zoom dentro de la propia imagen, la ficha biométrica del rostro de cada una de las miles de personas presentes en un estadio, en una manifestación o en un mitin político (9).

A pesar de que hay estudios serios que han demostrado la débil eficacia de la videovigilancia (10) en materia de seguridad, esta técnica sigue siendo refrendada por los grandes medios de comunicación. Incluso una parte de la opinión pública ha terminado por aceptar la restricción de sus propias libertades: el 63% de los franceses se declara dispuesto a una "limitación de las libertades individuales en Internet en razón de la lucha contra el terrorismo" (11).

Lo cual demuestra que el margen de progreso en materia de sumisión es todavía considerable...

NOTAS

(1) Se habla de "objetos conectados" para referirse a aquellos cuya misión primordial no es, simplemente, la de ser periféricos informáticos o interfaces de acceso a la Web, sino la de aportar, provistos de una conexión a Internet, un valor adicional en términos de funcionalidad, de información, de interacción con el entorno o de uso (Fuente: Dictionnaire du Web).

(2) El País, 2015.

(3) A partir de entonces, Samsung anunció que cambiaría de política, y aseguró que, en adelante, el sistema de grabación instalado en sus televisores sólo se activaría cuando el usuario apretara el botón de grabación.

(4) Que ya forman parte de muchos de los productos habituales de consumo, así como de los documentos de identidad.

(5) Michael Radford, 1984, 1984.

(6) Inventado en 1791 por el filósofo utilitarista inglés Jeremy Bentham.

(7) Glenn Greenwald, Sin un lugar donde esconderse, Ediciones B, Madrid, 2014.

(8) Véase "Google et le comportement de l'utilisateur", AxeNet (http://blog-axe-net-fr/google-analyse-comportement-internaute).

(9) Véase, por ejemplo, la fotografía de la ceremonia de la primera investidura del presidente Obama, el 20 de enero de 2009, en Washington (http://gigapan.org/viewGigapanFullscreen.php?auth=033ef14483ee899496648c2b4b06233c).

(10) "'Assessing the impact of CCTV', el más exhaustivo de los informes dedicados al tema, publi-

cado en febrero de 2005 por el Ministerio del Interior británico (Home Office), asesta un golpe a la videovigilancia. Según este estudio, la debilidad del dispositivo se debe a tres elementos: la ejecución técnica, la desmesura de los objetivos asignados a esta tecnología y el factor humano". Véase Noé Le Blanc, "Sous l'oeil myope des caméras", Le Monde diplomatique, París, septiembre de 2008.

(11) Le Canard enchaîné, París, 15 de abril de 2015.

NO NOS MIRES, ÚNETE…
REFLEXIONA, COMPARTE
Y ACTÚA.
CREA O INTÉGRATE
A UN GRUPO
(virtual/presencial).
¡ES TIEMPO DE
ACTUAR!

EPÍLOGO

Un libro nunca está acabado, continúa la construcción con los lectores a través de los comentarios al autor o en sus auto-reflexiones.

En mi caso, antes de editar, comparto el documento para su crítica a diversos amigos y colegas que me acompañan en estos procesos desde hace años. Sólo después de escuchar sus sugerencias, correcciones y revisar y revisar el manuscrito, es que "me atrevo" a sacar el libro a la luz.

Y, para esta obra, no podía dejar a un lado, al amigo y maestro Dr. Manuel Sérgio, el creador de la ciencia de la motricidad humana, es algo que hago habitualmente con él, en los diálogos que mantenemos.

Dejo aquí constancia de sus palabras (en idioma original-portugués y en pie de página la traducción al castellano):

Deste teu livro nasce uma nova utopia e uma nova antropologia. Ele deve ser publicado, como tu o concebeste. Tudo é história, tudo é tempo. A tua criatividade, que é muita, diz coisas a que eu chego com muita dificuldade. Tens uma velocidade que eu já não tenho. Paremos então um pouco e para dizer-te que, no meu modesto entender, a motricidade é o movimento intencional da transcendência e a transcendência é o sentido da vida. Só verdadeiramente vivemos quando nos transcendemos. E quando nos transcendemos física, psíquica, psicológica, política e moralmente[8].

Cuando en la página 17, decía que "la motricidad humana ´es´ el paradigma de la Vida", a estos conceptos me refería y coincido con Manuel Sérgio. Y aclaro:

Si la motricidad humana es la capacidad que nos permite trascender, y por tanto ser-más-humanos, ¿no es "eso" lo que nos im-

---

8 De tu libro nace una nueva utopía y una nueva antropología. Debe ser publicado como lo concebiste. Todo es historia, todo es tiempo. Tu creatividad, que es mucha, dice cosas a las que yo llego con dificultad. Tienes una velocidad que yo ya no tengo. Paremos entonces un poco y para decirte que, en mi modesto entender, la motricidad es el movimiento intencional de la trascendencia y la trascendencia es el sentido de la vida. Sólo vivimos verdaderamente cuando nos trascendemos. Y cuando nos trascendemos física, psíquica, psicológica, política y moralmente.

pulsa a vivir?, ¿no es por ahí que deberíamos re-construir nuestros proyectos de vida?, ¿no es "esa" la raíz de los valores, que nos fijan al piso, y de los cambios que nos permiten avanzar? Es algo humano no ligado a la educación física, es cualquier aspecto de la vida íntimamente ligado al ser humano.

Y continúa Manuel Sérgio (Lisboa, viernes 11 marzo 2016):

"Já não consigo acompanhar-te" significa que, fisiologicamente, já não me sinto com forças para visitar-te na Colômbia e já saio pouco de casa. Mas continuo a pensar. E a defender que não se pode confundir as ciências humanas com as ciências da natureza: aquelas referem-se a valores e estas a factos.. As ciências da natureza não estudam nem o comportamento, nem a conduta, nem a intenção, nem o significado, porque tudo isto reside no ser humano, objeto de estudo das ciências humanas. Somos especialistas numa nova ciência humana. Com a mesma legitimidade dos especialistas noutras ciências[9].

---

9 "Ya no consigo acompañarte", significa que, fisiológicamente, ya no me siento con fuerzas para visitarte en Colombia y ya salgo poco de casa. Mas continúo pensando. Y a defender que no se puede confundir las ciencias humanas con las ciencias de la naturaleza: aquellas se refieren a valores y éstas a actos. Las ciencias de la naturaleza no estudian ni el

¿No sería bueno, olvidarnos un poco de tantas teorías, tantos lujos materiales y asentarnos en esa raíz para construir el nuevo paradigma Vida?

¡Tan sencillo como un cambio mental de todos los humanos!

¿Será que este texto podrá contribuir a ese cambio?

¿De qué manera puedes aportar y comprometerte?

Muchas gracias por su lectura.

---

comportamiento, ni la conducta, ni la intención, ni el significado, porque todo esto reside en el ser humano, objeto de estudio de las ciencias humanas. Somos especialistas en una nueva ciencia humana. Con la misma legitimidad de los especialistas en otras ciencias.

NO NOS MIRES, ÚNETE…
REFLEXIONA, COMPARTE
Y ACTÚA.
CREA O INTÉGRATE
A UN GRUPO
(virtual/presencial).
¡ES TIEMPO DE
ACTUAR!

BIBLIOGRAFÍA DE APOYO

Obras de la autora (relacionadas con las temáticas):

(1989). *Juegos motores y creatividad* (1ª ed. Vol. 1). Barcelona: Paidotribo.
(1994a). *Aplicación del juego tradicional en el currículum de Educación Física* (1ª ed.). Barcelona: Paidotribo.
(1994b).Creatividad Motriz: crear para aprender. *R.E.F., 66*, 12-14.
(1994c).Enseñar a descubrir el Yo creativo. *R. E. F., 62*, 39.
(1996).*La creatividad lúdico-motriz* (Vol. 1). Santiago: Tórculo.
(1997)."Creatividad Motriz. La dificultad de salirnos de los esquemas motores establecidos". *Recrearte, 2*, 46-53.
(2002).El yo sinfónico. *consentido.* http://www.consentido.unicauca.edu.co, *1.*
(2005a).Ciencia encarnada. *consentido.* http://www.-consentido.unicauca.edu.co; http://www.kon-traste.com, *4.*
(2005b). De la motricidad como capacidad vivenciada al desarrollo del concepto. In P. y. otros (Ed.), *Libro de Actas IV Congreso Internacional*

de *Motricidad Humana* (1ª ed., Vol. 1, pp. 26-37). A Coruña: Diputación.

(2007). *Política y Educación. Una posición desde la Motricidad Humana.* Paper presented at the V Congreso Internacional de Motricidad Humana, Valdivia. Chile.

(2011). *Ciencia e investigación encarnada* (1ª ed. Vol. 8). España/Colombia: iisaber.

(2013a). *Guía didáctica. Seminario de Grado I* (M. e. L. I. y. Juvenil Ed. 1ª ed.). Loja-Ecuador: Universidad Técnica Particular de Loja.

(2013b). *Investigación cualitativa y cuantitativa* (M. L. I. y. Juvenil Ed. 1ª ed.). Loja-Ecuador: Universidad Técnica Particular de Loja.

(2014). *Historias motricias, trasegando el sentido de vida* (1ª ed. Vol. 14). España/Colombia: IISBER.

Obras con otros autores:

Aristizábal, M., & Trigo, E. (2013). *La formación doctoral en América Latina. ¿Más de lo mismo?, ¿una cuestión pendiente?* (IISABER Ed. 2ª ed.). España/Colombia: IISABER.

Bohórquez, F., & Trigo, E. (2006). Corporeidad, energía y trascendencia. Somos siete cuerpos (identidades o notas). *Pensamiento Educativo, 38*, 75-93.

Cao, A. R., & Trigo, E. (1998). Creatividad motriz. In M. González, R. Martín, J. L. Salvador, J. Fernández & M. Bobo (Eds.), *Educación Física e deporte no século XXI, VI congreso galego de E. F.* (1ª Edición ed., Vol. 2, pp. 621-632). Coruña: Universidade da Coruña.

Castañer, M., & Trigo, E. (1995). Globalidad e interdisciplina curricular en la enseñanza primaria. Propuestas teórico-prácticas *Actas del II congreso nacional de Educación Física de facultades de educación y XIII de escuelas universitarias de magisterio* (1ª edición ed., pp. 139-142). Jaca: Universidad de Zaragoza.

García, J., Trigo, E., & Kon-traste. (1998). Crear ciencia educándonos. Una experiencia en investigación colaborativa. In J. Martinez del Castillo (Ed.), *Deporte y calidad de vida* (pp. 333-342). Madrid: Esteban Sanz.

Kon-traste, & Trigo, E. c. (2000). *Fundamentos de la motricidad. Aspectos teóricos, prácticos y didácticos* (1ª ed. Vol. 1). Madrid: Gymnos.

- (2001). *Motricidad creativa: una forma de investigar* (Vol. 1). A Coruña: Universidad.

- (1999). *Creatividad y Motricidad* (Vol. 1). Barcelona: Inde.

Montoya, H., & Trigo, E. (2009). *Colombia eco-recreativa* (1ª ed.). Colombia: iisaber.

Rey Cao, A., & Trigo Aza, E. (2000). Motricidad ... ¿quién eres? *Apunts, 59*, 91-98.

Trigo, E., Bohórquez, F., & Rojas, G. (2013). *Procesos creativos en investigación cualitativa II* (Vol. 12). España/Colombia: iisaber.

Trigo, E., Gil da Costa, H., & Pazos, J. M. (2013). *Procesos creativos en investigación cualitativa I* (Vol. 11). España/Colombia: iisaber.

Trigo, E., Montoya, H., Toro, S., & Inacio, H. (2009). Ecología y vida. In P. Tavosnanska (Ed.), *Democratización del deporte, la educación física y la recreación* (1ª ed., Vol. 1, pp. 53-62). Buenos Aires: Editorial Biotecnológica.

Trigo, E., & Toro, S. (2006). Hacia una de-construcción del concepto de ciencia. In L. E. Álvarez & M. Aristizábal (Eds.), *¿Recorre la civilización el mismo camino que el sol? Pedagogía, Subjetividad y Cultura* (1ª ed., pp. 13-34). Popayán: Fondo Editorial Universidad del Cauca.

(Ed.). (2015). *Pensar y transformar: un legado de Manuel Sérgio* (1ªed.). España/Colombia: iisaber.

Bibliografía básica

AAVV. (2005). Einstein, un mito desconocido. *Investigación y Ciencia, 40*, 1-96.

AAVV. (2015a). Artículos varios. *Le Monde Diplomatique, 151*, 1-40.

AAVV. (2015b). *Resúmenes VII Conferencias Latinoamericana y Caribeña de Ciencias Sociales-Clacso*. Clacso. Medellín.

AAVV. (2016). Artículos varios. *Dinero, 485*, 1-90.

Acosta, Galeano, Pacari, Gudynas, Melo, Hervia, ... Shiva. (2009). *Derechos de la Naturaleza. El futuro es ahora* (1ª ed.). Quito: Abya-Yala.

Acosta, A., & Martínez, E. (2014). *Desarrollo, postcrecimiento y buen vivir. Debates e interrogantes* (1ª ed.). Quito, Ecuador: Ediciones Abya-Yala.

Acosta, A., & Martínez, E. (Eds.). (2009). *El Buen Vivir. Una vía para el desarrollo* (1ª ed.). Quito: Abya-Yala.

Alcántara Salazar, G. (2013). Sin investigación científica, las universidades peruanas languidecen.

Álvarez, P. (2013). Hemos perdido el arte de las relaciones sociales. Desayuno con Zygmunt Bauman. *El País*.

Anónimo. (1980). *Las mil y una noches*. Bilbao: Editorial Cultura y Progreso S.A.

Arntz, W., Chasse, B., & Vicente, M. (2006). *¿Y tú qué sabes?* (G. Perillo, Trans. 1ª ed.). Argentina: Kiert.

Attali, J., Castoriadis, C., Domenach, J. M., Massé, P., Morin, E., & otros, y. (1980). *El mito del desarrollo* (J. Fibla, Trans. 1ª ed.). Barcelona: Kairós.

Bautista, M. (2008). Cooperar en vez de competir. Entrevista a Guillermo Hoyos. *El Tiempo*, 24-25.

Benavides Martinez, C. (2016). Biografía de Fritjov Capra. Retrieved from http://www.mcnbiografias.com/app-bio/do/show?key=capra-fritjof website:

Benjumea, M. (2010). *La Motricidad como dimensión humana - Un abordaje transdisciplinar* (1ª ed. Vol. 4). Colombia: iisaber.

Berman, M. (1992). *Cuerpo y Espíritu. La historia oculta de Occidente* (R. Valenzuela, Trans. 2ª ed. Vol. 1). Santiago de Chile: Cuatro Vientos.

Boff, L. (2004). *Ecologia: grito da Terra, grito dos Pobres* (1ª ed. Vol. 1). Río de Janeiro: Sextante.

Boff, L. (2016, 5 febrero 2016). Biografía de Leonardo Boff. Retrieved 5 febrero, 2016.

Bohm, D., & Peat, D. (1988). *Ciencia, orden y creatividad. Las raíces creativas de la vida* (J. M. Apfelbaume, Trans. 1ª ed.). Barcelona: Kairós.

Bohórquez, F., Córdoba, C. I., Montoya, H., Naudorf, G., Parada, M., Trigo, E., & Yanza, P. (2006, 17-21 octubre). *Construcción de un diseño curricular en motricidad y educación comunitaria*. Paper presented at the IV Coloquio Internacional de Pedagogía y Currículo, Paipa-Colombia.

Bohórquez, F., & Trigo, E. (2006). Corporeidad, energía y trascendencia. Somos siete cuerpos (identidades o notas). *Pensamiento Educativo, 38*, 75-93.

Botero, D. (2005a). *Si la naturaleza es sabia, el hombre no lo es* (1ª ed.). Bogotá: Escuela Filosófica del Vitalismo Cósmico.

Botero, D. (2005b). Yo no soy un historiador de la filosofía, yo soy un pensador del mundo actual. In E. Trigo, R. Hurtado & L. G. Jaramillo (Eds.), *Consentido*. http://www.consentido.unicauca.edu.co; http://www.kontraste.com (1ª ed., Vol. 1, pp. 163-174). Popayán: Unicauca/ En-acción.

Botero, D. (2016). Biografía de Darío Botero. Retrieved 7 febrero, 2016.

Botero Uribe, D. (1994). *El derecho a la utopía* (3ª (2000) ed.). Bogotá: Ecoe.

Botero Uribe, D. (2000). *Manifiesto del pensamiento latinoamericano* (1ª ed.). Bogotá: Magisterio.

Bukland, E., & Murillo, D. (2013). *Vías hacia el cambio sistémico* (1ª ed.). Barcelona: Antena de Innovación Social.

Capra, F. (1982). *O Tao da Física* (J. F. Dias, Trans. 1ª ed. Vol. 1). São Paulo: Cultrix.

Capra, F. (1998). *La trama de la vida* (D. Sempau, Trans. 1ª ed.). Barcelona: Anagrama.

Capra, F. (2002). *Las conexiones ocultas. Implicaciones sociales, medioambientales, económicas y biológicas de una nueva visión del mundo* (D. Sempau, Trans. 1ª ed. Vol. 1). Barcelona: Anagrama.

Capra, F. (2007). *Sabiduría insólita. Conversaciones con personajes excepcionales* (3ª ed.). Barcelona: Kairos.

Capra, F. (2008). *La ciencia de Leonardo. La naturaleza profunda de la mente del gran genio del Renacimiento* (M. A. Galmarini, Trans. 1ª ed.). Barcelona: Anagrama.

Capra, F. (2016). Biografía de Fritjov Capra. Retrieved from http://www.mcnbiografias.com/app-bio/do/show?key=capra-fritjof website:

Capra, F., Bohm, D., Davies, P., Lovelock, J., Sheldrake, R., Dossey, B., & otros, G. y. (1999). *El espíritu de la ciencia* (A. Colodrón, Trans. 1ª ed.). Barcelona: Kairós.

Carrol, L. (1992). *Alicia en el país de las maravillas* (R. Buckley, Trans. 1º ed.). Madrid: Cátedra.

CEO. (2000). Francisco Varela. http://www.ceo.cl/609/article-1454.html.

Cervantes, M. d. (1605). *Don Quijote de la Mancha* (1ª ed.). Madrid: Francisco de Robles.

Chang, H.-j. (2015). *Economía para el 99% de la población* (1ª ed.). Buenos Aires: Debate.

Chardin, T. d. (1974). *El fenómeno humano* (M. C. Pairó, Trans. 1ª ed.). Barcelona: Orbis.

Chardin, T. d. (2016). Biografía de Theilard de Chardin. Retrieved from http://www.biografiasyvidas.com/biografia/t/teilhard.htm website:

Chomsky, N. (2002). *EEUU un estado ilegal* (1ª ed.). Francia: Le Monde diplomatique.

Chomsky, N. (2014). Noam Chomsky: El trabajo académico, el asalto neoliberal a las universidades y cómo debería ser la educación. 2014, from http://www.sinpermiso.info

Chomsky, N. (2016). Biografía de Noam Chomsky. Retrieved from https://es.wikipedia.org/wiki/Noam_Chomsky website:

Csikszentmihalyi, M. (1998). *Creatividad. El fluir y la psicología del descubrimiento y la invención* (J. P. T. Abadía, Trans. 1ª ed. Vol. 1). Barcelona: Piadós.

Da Vinci, L. (2005). *Cuaderno de notas*. Madrid: Edimat libros.

Da Vinci, L. (2016). Biografía de Leonardo da Vinci. *2016*(12 enero). Retrieved from http://www.biografiasyvidas.com/monografia/leonardo/ website:

Danza, A., & Tulbovitz, E. (2015). *Una oveja negra al poder. Confesiones e intimidades de Pepe Mujica* (1ª ed.). Bogotá: Penguin Random House.

Dierckxsens, W. (2008). *La crisis mundial del siglo XXI: oportunidad de transición al poscapitalismo* (1ª ed. Vol. 1). Bogotá: Desde Abajo.

Dos Santos Silva, S. (2007, 20-23 septiembre). *Motricidade Humana e a idéia de transcendência: apontamentos baseados em Martin Heidegger.* Paper presented at the V Congreso internacional de motricidad humana, Valdivia-Chile.

Einstein, A. (2016). Biografía de Albert Einstein. http://www.biografiasyvidas.com/monografia/einstein/.

Escobar, A. (2016). *Desde abajo, por la izquierda y con la Tierra*. Bogotá: Desde Abajo.

Estermann, J. (2008). *Si el SUR fuera el NORTE. Chakanas interculturales entre Andes y Occidente* (1ª ed.). Quito: Abya-Yala.

Estulin, D. (2005). *La verdadera historia del Club Bildelberg* (I. Tofiño & M.-I. Rebón, Trans. D. Estulin Ed. 4ª ed.). Barcelona: Planeta.

Feitosa, A. M., Kolyniak, C., & Kolyniak, H. (2006). *Mudanzas, horizontes desde la motricidad* (E. Trigo, Trans. 1ª ed.). Colombia: Enacción / Unicauca.

Felippe, M. I. (1998). A criatividade como diferencial. *RH, 23*, 16-17.

Fernández Gabard, A., & Zibechi, R. (2016). Noam Chomsky. "Es el momento más crítico en la historia de la humanidad". Retrieved from http://www.jornada.unam.mx/2016/02/07/politica/002n1pol website:

Fresneda, C. (2013). Entrevista al sociólogo Zygmunt Bauman: ¿Qué futuro estamos construyendo? *Sociólogos, 21*.

Fuster, V., & Rojas Marcos, L. (2010). *Corazón y Mente* (1ª ed.). Barcelona: Planeta.

Galilei, G. (2016). Biografía de Galileo Galilei. Retrieved from http://www.biografiasyvidas.com/monografia/galileo/ website:

García Linera, Á. (2015). Malentendidos y polémicas en el seno del progresismo. Siete lecciones para la izquierda. *Le Monde Diplomatique*, http://www.eldiplo.info/portal/index.php/component/k2/item/942-malentendidos-y-pol%C3%A9micas-en-el-seno-del-progresismo-siete-lecciones-para-la-izquierda.

Genú, M., Simoes, R., Wey Moreira, W., & Alves, A. I. (Eds.). (2009). *Motricidade Humana: Uma Metaciência? VI Congresso Internacional de Motricidade Humana* (1ª ed. Vol. 1). Belem do Pará-Brasil: UEPA.

Gibrán, J. (1977). *El jardín del profeta* (V. Naidur, Trans. Edición: año, 1977 ed. Vol. 6). Argentina: La Salamandra Editora.

Gibran, K. (1977a). *El jardín del profeta* (V. Naidur, Trans. 1ª ed.). Buenos Aires: La Salamandra.

Gibran, K. (1977b). *El loco* (V. Naidur, Trans. 1ª ed.). Buenos Aires: La Salamandra.

Gibran, K. (1977c). *Ninfas del Valle* (S. Llogabu, Trans. 1ª ed.). Buenos Aires: Tiempo.

Gibran, K. (1980a). *El profeta* (H. S. Bahadur, Trans. 1ª ed.). Madrid: Felmar.

Gibran, K. (1980b). *La procesión* (H. S. Bahadur, Trans. 1ª ed.). Madrid: Felmar.

Gibran, K. (2016). Biografía de Kalhil Gibrán. *https://es.wikipedia.org/wiki/Gibran_Jalil_Gibran*. Retrieved from https://es.wikipedia.org/wiki/Gibran_Jalil_Gibran website:

Gibrán, K. (1977). *El loco* (V. Naidur, Trans. Edición: abril, 1977 ed. Vol. 5). Argentina: La Salamandra Editora.

Giono, J. (2004). *El hombre que plantaba árboles* (2ª ed.). España: José J. de Olañeta.

Goleman, D. (1997). *Emoçoes que curam. Conversas com o Dalai Lama sobre mente alerta, emoções e saúde* (C. G. Duarte, Trans. 1ª ed. Vol. 1). Río de Janeiro: Rocco.

Guadarrama, P. (2006). La crisis del paradigma posmodernista. *Itinerantes, 3,* 7-18.

Herrera Ospina, J. d. J., & Insuasty, R. A. (2015). Diversas concepciones en torno a la naturaleza como sujeto político. De la necesidad de cambio de paradigmas. *Revista Ágora, 15, 2ª,* 325- 585.

Hoffmann. (1959). *Historia de un cascanueces* (C. Palencia, Trans. 1ª ed.). México: Renacimiento.

Honoré, C. (2005). *Elogio de la lentitud* (J. Fibla, Trans. 1ª ed.). Barcelona: Océano.

Jarauta, B., & Imbernón, F. (Eds.). (2012). *Pensando en el futuro de la educación. Una nueva escuela para el siglo XXII* (1ª ed. Vol. 39). Barcelona: Graó.

Jáuregui, J. A. (2001). *La identidad humana* (1ª ed. Vol. 1). Barcelona: Martinez Roca.

Kolyniak, C. (2005). Propuesta para un glosario inicial para la ciencia de la motricidad humana. In E. Trigo, D. R. Hurtado & L. G. Jaramillo (Eds.), *Consentido* (1ª ed., pp. 29-38). Popayán-Colombia: en-acción/unicauca.

Kon-Moción. (2009). *Motricidad Humana y gestión comunitaria: una propuesta curricular* (1ª ed. Vol. 5). Popayán-Colombia: Unicauca/En-acción.

Kon-traste, & Trigo, E. (1998). *Creatividad, motricidad y formación de colaboradores*. (Humanidades), A Coruña, A Coruña.

Kon-traste, & Trigo, E. c. (2000). *Fundamentos de la motricidad. Aspectos teóricos, prácticos y didácticos* (1ª ed. Vol. 1). Madrid: Gymnos.

Kon-traste, & Trigo, E. y. c. (1999). *Creatividad y Motricidad* (Vol. 1). Barcelona: Inde.

Kuhn, T. S. (1975). *La estructura de las revoluciones científicas* (Vol. 1). Madrid: Fondo de Cultura Económica.

Lang, M., & Mokrani, D. (Eds.). (2011). *Más allá del desarrollo* (1ª ed.). Quito: Fundación Rosa Luxemburgo / Abya-Yala.

Laszlo, E. (2008). *El cosmos creativo. Hacia una ciencia unificada de la materia, la vida y la mente* (J. L. S. M. d. Pablos, Trans. 3ª ed.). Barcelona: Kairós.

Leme, E. M. (1998). A criaçao do corpo: uma visao fenomenológica. *I Congresso Internacional de Criatividade*, 122-130.

Lovelock, J. (2006). *Homenaje a Gaia. La vida de un científico independiente* (J. L. G. Aristu, Trans. 2ª ed.). Navarra-España: Océano.

Maldonado, C. E. (2015). La hidra de la crisis. *Le Monde Diplomatique, 151*, 10-11.

Mandela, N. (2010a). *Conversaciones conmigo mismo* (E. Robledillo & A. I. Sánchez, Trans. 1ª ed.). Barcelona: Planeta.

Mandela, N. (2010b). *El largo camino hacia la libertad. La autobiografía* (1ª ed.). Madrid: Aguilar.

Mandela, N. (2016). Biografía de Nelson Mandela. Retrieved 5 febrero 2016.

Marina, J. A. (1993). *Teoría de la inteligencia creadora* (1ª ed. Vol. 1). Madrid: Anagrama.

Maslow, A. (1993). *El hombre autorrealizado* (1ª ed. Vol. 1). Barcelona: Kairós.

Maturana, H., & Varela, F. (1998). *De máquinas y seres vivos* (5ª ed. Vol. 1). Santiago de Chile: Editorial Universitaria.

Maturana, H. R. (1995). *La realidad: ¿objetiva o construida? I. Fundamentos biológicos de la realidad* (1ª ed. Vol. 1). Barcelona: Anthropos.

Merleau-Ponty, M. (1945). *Phénoménologie de la perception* (Vol. 1). París: Gallimard.

Molas, M. (2006). *Juan sin tiempo. Descubriendo nuevas oportunidades para recuperar las ganas de vivir* (1ª ed.). Barcelona: Amat.

Moreno Reyes, M. (2016). Biografía de Cantinflas. Retrieved from http://www.biografiasyvidas.com/biografia/c/cantinflas.htm website:

Morin, E. (2016). Biografía de Edgar Morin. Retrieved from http://www.biografiasyvidas.com/biografia/m/morin.htm website:

Morin, E. (2006). Estamos en un titanic. *Ética y Desarrollo. Banco Interamericano de desarrollo. Iniciativa Interamericana de Capital Social, Ética y Desarrollo., 180*.

Morín, E. (2011). *La Vía. Para el futuro de la humanidad* (N. P. Fontseré, Trans. 1ª ed. Vol. 1). Barcelona: Espasa Libros.

Morín, E., & Hulot, N. (2008). *El año I de la era ecológica* (P. Hermida, Trans. 1ª ed.). Barcelona: Paidós.

Morris, T. (2006). *Si Harry Potter dirigiera General Electric. El saber del liderazgo según el mundo de los magos* (I. Gugliotella, Trans. 1ª ed.). Argentina: Planeta.

Mujica, P. (2016). Biografía de Pepe Mujica. Retrieved from http://www.buscabiografias.com/biografia/verDetalle/9967/ Jose Mujica website:

Mújica, P. (2010). Discurso del Presidente Pepe Mujica, a los intelectuales Uruguayos. Encuentro con los intelectuales, miércoles 29 de marzo en el Palacio Legislativo. *Razón Pública*.

Najmanovich, D. (2010). El sujeto encarnado. Retrieved from http://www.fac.org.ar/fec/foros/cardtran/gral/sujeto encarnado.htm website: http://www.fac.org.ar/fec/foros/cardtran/gral/sujeto encarnado.htm

Navarro, V., López, J. T., & Garzón Espinosa, A. (2011). *Hay alternativas. Propuestas para crear empleo y bienestar social en España* (1ª ed.). Madrid: Sequitur.

Negrão, L. (2015). O nosso modelo escolar é do séc. XVIII e não está adaptado à realidade, entrevista com Joaquim Azevedo. *Global Imagens. PUB.* Retrieved enero, 2016.

Núñez Errázuriz, R. (2001). Mente-cuerpo: una vieja falacia. *El Mercurio, domingo 21 octubre*.

Osho. (2001). *Creatividad, liberando las fuerzas internas* (1ª ed. Vol. 1). Madrid: Debate.

Pachón Soto, D. (2015). Algunas consideraciones filosófico-hitóricas sobre el pensamiento latinoamericano. *Le Monde Diplomatique, 151*, 32-33.

Panikkar, R. (1999). *El mundanal silencio* (1ª ed. Vol. 1). Barcelona: Martinez Roca.

Piñeiro, A. (2005). *Cachibol. El deporte de la eterna juventud*. Madrid: Pila Teleña.

Quelart, R. (2016). En auge las empresas que miden la felicidad de sus empleados. *La Vanguardia*. Retrieved from http://www.lavanguardia.com/vida/20160204/301901605609/felicidad-trabajo.html website:

Ramoneda, J. (2001). La felicidad y sus mitos. Una quimera contemporánea. *El País*.

Ramonet, I. (2000). *Propagandas silenciosas* (1ª ed.). Caracas: Valquimia.

Ramonet, I. (2007a). Hugo Chávez. *Le Monde Diplomatique, 59*, 40.

Ramonet, I. (2007b). Nuevo capitalismo. *Le Monde Diplomatique, 62*, 40.

Ramonet, I. (2007c). Paquistán. *Le Monde Diplomatique, 63*, 40.

Ramonet, I. (2012a). *La crisis del siglo* (1ª ed.). Bogotá: Le Monde diplomatique.

Ramonet, I. (2012b). *La explosión del periodismo* (1ª ed.). Bogotá: Le Monde Diplomatique.

Ramonet, I. (2014). ¡Peligro! Acuerdo Transatlántico. *Le Monde Diplomatique, 131*, 29-30.

Ramonet, I. (2015). Comprender cómo nos manipulan. *Le Monde Diplomatique, 237*, 2.

Rauber, I. (2010). *Dos pasos adelante, uno atrás. Lógicas de superación de la civilización regida por el capital* (1ª ed.). Bogotá: Desde Abajo.

Rojas Quiceno, G. (2011). *La vida y sus encrucijadas. Un camino para el Buen Vivir* (1ª ed. Vol. Léeme-5). Colombia: iisaber.

Rojas Quiceno, G. (2013). *Índice de felicidad y buen vivir* (1ª ed. Vol. Léeme-13). Colombia: iisaber.

Rojas Quiceno, G. (2014). *El imperio del corazón* (1ª ed. Vol. ideas-3). Colombia: iisaber.

Sacks, O., & otros, y. (1996). *Historias de la ciencia y del olvido* (C. M. Muñoz, Trans. 1ª ed.). Madrid: Siruela.

Saint-Exupéry. (1953). *El principito* (B. d. Carril, Trans. Octava edición: 1976 ed. Vol. 348). Madrid: Emecé Editores.

Sanabria Duque, Á. (2015). Cuarenta años sin Pasolini, ni luciérnagas. *Le Monde Diplomatique, 151*, 34-35.

Sánchez, F. (2004). Ciencia y medicina oriental. http://www.kirlianyciencia/Union/documentos/energytransfer.htm.

Sánchez, I. (2016). Biografía de Oliver Sacks. Retrieved from http://www.mcn-biografias.com/app-bio/do/show?key=sacks-oliver website:

Santos Sousa, B. d. (2010). *Descolonizar el saber, reiventar el poder* (1ª ed.). Uruguay: Trilce.

Semanal, X. (2015). Nobel de Economía 2015: "Las crisis están creadas para beneficiar a los ricos". In X. Semanal (Ed.), http://r-evolucion.es/2015/10/15/nobel-de-economia-2015-las-crisis-estan-creadas-parabeneficiar-a-los-ricos-entrevista/ - .ViHMYKconsw.- facebook: XL Semanal.

Sérgio, M. (1986). *Motricidade humana -uma ciencia do homem!* (1ª ed. Vol. 1º). Lisboa: Ministerio da Educaçao e Cultura.

Sérgio, M. (1988). *Para uma Epistemologia da Motricidade Humana: prolegómenos a uma ciência do homen!* (1ª ed.). Lisboa: Vega.

Sérgio, M. (1989). *Educação física ou ciencia da motricidade humana?* (1ª ed.). Campinas: Papirus.

Sérgio, M. (1996). *Epistemologia da motricidade humana* (1ª ed.). Lisboa: FMH.

Sérgio, M. (1998). Maurice Merleau-Ponty _ o corpo e a fenomelogía. *EPISTEME, 2*, 123-138.

Sérgio, M. (2003). *Alguns olhares sobre o corpo* (1ª ed.). Lisboa: Piaget.

Sérgio, M. (2005). *Para um novo paradigma no saber e... do ser* (1ª ed.). Coimbra.Portugal: Ariadne.

Sérgio, M. (2006a). Motricidad Humana, ¿cuál es el futuro? *Pensamiento Educativo, 38*, 14-33.

Sérgio, M. (2006b). Motricidade Humana - qual futuro? *consentido, 6*.

Sérgio, M. (2007). *Algunas miradas sobre el cuerpo* (H. Montoya, Trans. 1ª ed.). Popayán-Colombia: en-acción/Unicauca.

Sérgio, M., Trigo, E., Genú, M., & Toro, S. (2010). *Motricidad Humana, una mirada retrospectiva* (1ª ed. Vol. Léeme-2). Colombia-España: Instituto Internacional del Saber.

Sheldrake, R. (1995). *Siete experimentos que pueden cambiar el mundo* (L. M. R. Haces, Trans. 1ª ed. Vol. 1). Barcelona: Paidós.

Sheldrake, R. (2007). *Una nueva ciencia de la vida. La hipótesis de la causación formativa*. Barcelona: Kairos.

Stein, M. (2000). Criatividade e Cultura. *Cadernos de Criatividade, 1*, 21-38.

Stengel, R. (2010). *El legado de Mandela. 15 enseñanzas sobre la Vida, el amor y el valor* (M. J. Asensio, Trans.). Madrid: Temas de Hoy.

Talbot, M. (2006). *Misticismo y física moderna* (I. Herranz, Trans. 4ª ed.). Barcelona: Kairós.

Trigo, E. (2000). Nueva Sociedad, Nuevo Paradigma, Nuevo Hombre... ¿viejo Deporte? In W. y. S. Wey Moreira, R. (Ed.), *Fenômeno Esportivo no Início de um Novo Milênio* (1ª ed., Vol. 1, pp. 157-176). Piracicaba-Brasil: Unimep.

Trigo, E. (2005). De la motricidad como capacidad vivenciada al desarrollo del concepto. In P. y. otros (Ed.), *Libro de Actas IV Congreso Internacional de Motricidad Humana* (1ª ed., Vol. 1, pp. 26-37). A Coruña: Diputación.

Trigo, E. (2006). *Inteligencia creadora, ludismo y motricidad* (1ª ed.). Colombia: En-acción / Unicauca.

Trigo, E. (2010). Some ambiguites of the science of human kinetics (CMH). Algunos equívocos de la ciencia de la motricidad humana. *FIEP Bulletin, 79*, 75-81.

Trigo, E. (Ed.). (2015). *Pensar y transformar: un legado de Manuel Sérgio* (1ª ed.). España/Colombia: iisaber.

Trigo, E., & Montoya, H. (2010). *Motricidad Humana: política, teoría y vivencias* (1ª ed. Vol. Léeme-3). Colombia-España: Instituto Internacional del Saber.

Trigo, E., Montoya, H., Toro, S., & Inacio, H. (2009). Ecología y vida. In P. Tavosnanska

(Ed.), *Democratización del deporte, la educación física y la recreación* (1ª ed., Vol. 1, pp. 53-62). Buenos Aires: Editorial Biiotecnológica.

Varela, F. (1999). *Dormir, soñar, morir. Nuevas conversaciones con el Dalai Lama* (H. Lowich-Russell, Trans. 1ª ed.). Chile: Dolmen.

Varela, F. (2000a). *El fenómeno de la vida* (1ª ed. Vol. 1). Santiago de Chile: Dolmen.

Varela, F. (2000b). Francisco Varela y la Mente Encarnada. http://www.inalambrico.reuna.cl/fichas/entrevistas/francisco_varela.htm.

Varios. (2001). *Otro mundo es posible* (1ª ed. Vol. 1). Santiago de Chile: Aún creemos en los sueños.

Varios. (2010). Megalópolis, el asalto al planeta. *Le Monde Diplomatique, 88*.

Verne, J. (1862). *Cinco semanas en globo* (A. Ribot & Fontserré, Trans. Segunda edición: 1986 ed. Vol. 1). Barcelona: Orbis, S. A.

Verne, J. (1864a). *Los ingleses en el Polo Norte* (A. Ribot & Fontserré, Trans. Segunda edición: 1986 ed. Vol. 8). Bacelona: Orbis, S. A.

Verne, J. (1864b). *Viaje al centro de la tierra* (A. Ribot & Fontserré, Trans. Segunda edición: 1986 ed. Vol. 11). Barcelona: Orbis, S. A.

Verne, J. (1865). *De la tierra a la luna* (A. Ribot & Fontserré, Trans. Segunda edición: 1986 ed. Vol. 6). Barcelona: Orbis, S. A.

Verne, J. (1866a). *El desierto de hielo* (A. Ribot & Fontserré, Trans. Segunda edición: 1986 ed. Vol. 9). Barcelona: Orbis, S. A.

Verne, J. (1866b). *Los hijos del capitán Grant en Australia* (A. Ribot & Fontserré, Trans. Segunda edición: 1986 ed. Vol. 10). Barcelona: Orbis, S. A.

Verne, J. (1869). *Viaje alrededor de la luna* (J. D. Sala, Trans. Segunda edición: 1986 ed. Vol. 7). Barcelona: Orbis, S. A.

Verne, J. (1882). *El rayo verde* (S. Nerval, Trans. Segunda edición: 1986 ed. Vol. 2). Barcelona: Orbis, S. A.

Verne, J. (1975). *Veinte mil leguas de viaje submarino* (J. Alarcon, Trans. Vol. 18). Madrid: Ediciones Alonso.

Verne, J. (1976). *Miguel Strogoff* (J. Alarcon, Trans. Vol. 2). Madrid: Ediciones Alonso.

Verne, J. (1977). *La vuelta al mundo en ochenta dias* (J. Muls, Trans. Primera edición: Abril, 1977 ed. Vol. 8). Barcelona: Editorial Bruguera S. A.

Verne, J. (1980). *Una ciudad flotante* (C. Morigaux, Trans.). Argentina: Oticil, S. A.

Verne, J. (1981). *El castillo de los Cárpatos* (M. Armiño, Trans. Primera edición: Marzo, 1981 ed. Vol. 8). Barcelona: Editorial Bruguera, S. A.

Verne, J. (1987). *Los hijos del capitán Grant en América del Sur* (A. Ribot & Fontserré, Trans. Segunda ed. Vol. 3). Barcelona: Orbis, S. A.

Verne, J. (1998). *Un descubrimiento prodigioso* (Vol. 26). Madrid: El Mundo Unidad Editorial, S. A.

Verne, J. (2016). Biografía de Julio Verne. Retrieved from http://www.biografiasyvidas.com/biografia/v/verne.htm website:

Vico, G. (1995). *Ciencia nueva* (R. d. l. Villa, Trans.). Madrid: Tecnos.

Vico, G. (2016). Biografía de Giambattista Vico. http://www.biografiasyvidas.com/biografia/v/vico.htm.

Watts, A. (1971). *El camino del zen* (J. A. Vázquez, Trans. 3ª Edición: año, 1977 ed.). España: Editorial Sudamericana, S. A.

Watts, A. (1972). *El libro del tabú* (R. Hanglin, Trans. 1ª Edición: marzo, 1972 ed.). Barcelona: Editorial Kairós, S. A.

Watts, A. (1974). *El futuro del éxtasis y otras meditaciones* (R. Hanglin, Trans. 4ª Edicióm: mayo, 1981 ed.). Barcelona: Editorial Kairós, S. A.

Watts, A. (2016). Biografía de Alan Watts. Retrieved from http://www.buscabigrafias.com/biografia/verDetalle/9123/Alan Watts/ website:

Watzlawick, P. (Ed.). (2000). *La realidad inventada. ¿Cómo sabemos lo que creemos saber?* (1ª ed.). Barcelona: Gedisa.

Wilber, K. (2004). *Uma breve história de tudo* (M. d. F. S. Aubyn, Trans. 1ª ed.). Porto: Vía óptima.

Wilber, K. (2008). *El paradigma holográfico. Una exploración en las fronteras de la ciencia*. Barcelona: Kairos.

Zemelman, H. (2006). *El conocimiento como desafío posible* (3ª ed.). México: Instituto Politécnico Nacional / Instituto "Pensamiento y Cultura en América Latina".

Zemelman, H. (2016). Biografía de Hugo Zmelman. *2016*(4 febrero). Retrieved from https://es.wikipedia.org/wiki/Hugo_Zemelman_Merino website:

Zubiri, X. (1986). *Sobre el hombre* (1ª ed. Vol. 1). Madrid: Alianza / Fundación Xavier Zubiri.

Zucman, G. (2015). *La riqueza escondida de las naciones* (1ª ed.). Buenos Aires: Siglo XXI.

EVALUACIONES DEL COMITÉ EDITORIAL

El libro que tenemos entre manos es didáctico, explicativo, presenta una retrospectiva de personalidades decisivas para la evolución del pensamiento humano; retoma la motricidad y aclara un paradigma para la vida.

Dra. Marta Genú
UEPA, Brasil
Marzo, 2016.

La doctora Eugenia Trigo logra con este escrito llegar a nuestros corazones con fuerza y empoderamiento. Nos hace sentir que sí podemos romper paradigmas a través del *ser- hacer*, hacer un replanteamiento crucial en nuestras vidas en pro de la recuperación de valores, principios y capacidad de reacción.

Pensar y actuar como necesidad de ver realidades, un apoyo teórico consciente para la profundización, conocimiento, reflexión y ante todo compromiso a partir de la libertad de pensar.

> Ing. Guillermo Rojas Quiceno. PhD.
> Cali, Colombia, marzo, 2016.

La nueva obra de Eugenia Trigo A., 'De la motricidad humana al paradigma vida', es un esfuerzo intelectual de la autora para ir más allá de sus propias producciones y desafiarse a la creación-propuesta de una nueva perspectiva y visión del mundo y de la vida.

Para llevar a cabo esta exigente tarea, rastrea los aportes de seres creadores que a lo largo del tiempo nos han dejado sus huellas. Muchas de ellas han sido pisadas por otros sin ninguna reflexión, y otras, quizás las menos, han provocado apertura de caminos diversos de comprensión de la vida y sus avatares.

A partir de este palimpsesto, la autora logra proponer un nuevo paradigma, el 'paradigma vida', que se espera sea capaz de confrontar-enfrentar la crisis de humanidad en la que estamos inmersos hoy, con la esperanza quizá de salir de la perplejidad, angustia y desazón contemporáneas.

Gracias a lo anteriormente dicho, éste es un libro escrito de una forma abierta, sencilla, fresca y precisa, a través de una estructura fluida con apartados como: ¿Sabías qué?, Algunos ejemplos, Preguntas abiertas para reflexionar, lo cual puede ser garantía para encontrar eco en muchos lectores que atiendan a su urgente llamado de acción.

¡Buen viento y buena mar
en esta nueva caminada!
Dra. Magnolia Aristizábal
Popayán, marzo 14 de 2016

Leer esta nueva propuesta de Eugenia, en un libro de bolsillo, sorprende al cambiar su forma de escribir y lo hace de una manera entendible para cualquiera. Esto atrae, atrapa y cuando menos piensa ya va uno en la mitad del libro, el cual no cansa, es entretenido, variado y lo lleva por una serie de escritores, genios, sabios e inconformistas de la humanidad que se manifiestan preocupados por la situación del planeta...

Desde la temática trabajada, Eugenia busca despertar y llegar a las personas incitándolas a actuar a no quejarse más, a hacer algo, a ponerlo en movimiento a manera de experimento y luego compartirlo en la construcción de un segundo libro que hable sobre el "Paradigma Vida".

Adelante con esta nueva obra y esperemos que los lectores participemos y que sus propuestas trasciendan positivamente en nuestro planeta.

Mag. Harvey Montoya
iisaber, Colombia

22 marzo 2016. En la lista de tareas para mi día está anotado: escribir comentario al libro "de la motricidad humana al paradigma Vida". Sin embargo, tan pronto abro el computador, veo las noticias: "atentado en Bruselas -decenas de muertos, centenas de heridos".

La búsqueda de informaciones se sobrepone, de inmediato, a la urgencia de las tareas. Es normal. Extraño sería si no fuera así. De minuto en minuto los medios de difusión actualizan/repiten las noticias. Se suceden también los comentarios de los especialistas (los que dicen las palabras que, dentro de poco, estaremos repitiendo todos también). Gasto tiempo buscando para saber todo lo que sucede. Por fin, me obligo a parar aquella búsqueda viciada de más y más detalles.

En el regreso al silencio y a la primera tarea del día, la unión se hace evidente. De un lado, y sin gran esfuerzo por mi parte, lo que me llega por los *media*: noticias de violencia, de persecución de unos pocos, de acusación de algunos que debían (¿podían?) evitar la muerte y el sufrimiento de muchos. Del otro, el escribir sobre un libro en que, casi al inicio, se lee: "en la grave problemática que estamos viviendo como Humanidad y como Planeta-Vivo, ya no es suficiente 'tomar consciencia', es necesario ACTUAR y eso es compromiso de todos, sin excepciones". Y eso, sí, me es mucho más difícil.

En este nuevo trabajo, Eugenia Trigo, <u>se</u> interroga y <u>nos</u> interroga, sobre los principales problemas del mundo y de nuestras experiencias, sobre lo que nos preocupa y nos saca el sueño, sobre los valores que imprimimos a nuestra vida, sobre la validez de las fuentes de información y de los medios que tenemos a nuestro alcance; deja espacio para que podamos encontrar inspiración en la vida de muchos "herejes" que, desde la antigüedad hasta nuestros días, se han atrevido a cuestionar lo incuestionable; apunta caminos. Es, por eso, una propuesta de esperanza y de Vida. Porque también está en nuestras manos.

Dra. Helena Gil da Costa
Porto (Portugal)

Nota sobre la autora

Eugenia Trigo Aza, gallega de nacimiento (España) y residente en Colombia desde el 2004. Doctora en Filosofía y Ciencias de la Educación. Fue profesora –investigadora titular en la Universidad de A-Coruña (España), en el Instituto Universitario de Maia (Portugal), en la Universidad del Cauca (Colombia) y en la Universidad Tecnológica Equinoccial (Ecuador). Actualmente dirige el Instituto Internacional del Saber Kon-traste. Ha orientado seminarios en España, Portugal y Latinoamérica (Brasil, Chile, Colombia, Venezuela, Ecuador, Argentina, Uruguay). Ha escrito más de una veintena de libros y numerosos artículos sobre las temáticas: motricidad humana, creatividad, investigación colaborativa, ludismo, ciencia e investigación encarnada, eco-recreación, formación doctoral.

COLECCIÓN IDEAS

Rojas Quiceno, Guillemo (2011). *La vida y sus encrucijadas – un camino para el Buen Vivir*. Ideas-1. Colombia: iisaber. ISBN: 978-1-4475-1107-6.
- (2012). *Rehenes del miedo*. Ideas-2. España-Colombia: iisaber. ISBN: 978-1-291-22062-9.
- (2014). *El imperio del corazón*. Ideas-3. España-Colombia: iisaber. ISBN: 978-1-312-66059-5.

Trigo, Eugenia (2016). *De la motricidad humana al paradigma Vida*. Ideas-4. España-Colombia: iisaber. ISBN: 978-1-326-63408-7.